Storytelling

Cómo contar tu historia para
que el mundo quiera escucharla

Bobette Buster

© Ediciones Koan, s.l., 2020
c/ Mar Tirrena, 5, 08912 Badalona
www.koanlibros.com • info@koanlibros.com

Título original: Do Story
© The Do Book Company 2013
Works in Progress Publishing Ltd
thedobook.co

Texto © Bobette Buster 2013, 2018
Ilustraciones © Millie Marotta 2013
Traducción © Jacinto Pariente 2020

ISBN: 978-84-18223-05-1 • Depósito legal: B-10513-2020
Diseño de cubierta: James Victore
Diseño del libro: Ratiotype
Maquetación: Cuqui Puig
Impresión y encuadernación: Liberdúplex
Impreso en España / *Printed in Spain*

En algunos estudios de casos se han cambiado los nombres
para respetar la identidad de las personas implicadas.

1.ª edición, junio de 2020

«Si no fuera por los narradores,
la civilización se destruiría a sí misma.»

—

Albert Camus

A Robert, mi padre, el mejor narrador que jamás he conocido.

Y a Shirley, mi madre, el mejor y más divertido público. Y a mis tres hermanos.

Entre mis recuerdos más preciados está el de toda la familia sentada a la mesa deseando que las noches de cuentos no terminaran jamás.

Para mí, nunca han terminado.

Contenido

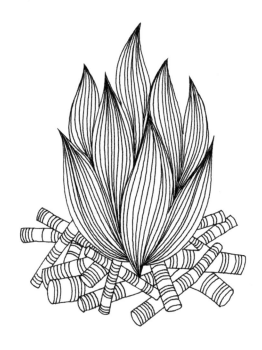

«Lleva el fuego.»

—

Cormac McCarthy

Introducción

Las historias son una llama que los humanos nos pasamos unos a otros. En la novela de Cormac McCarthy *No es país para viejos,* el sheriff Bell recuerda que, cuando era vaquero, su padre transportaba las brasas de un campamento a otro en el interior de un cuerno. Era una tradición heredada de los nativos americanos. En la novela, la costumbre cobra un nuevo significado: el de mantener la esperanza y continuar la búsqueda sin perder la humanidad. Tanto en la tribu india como en la sociedad de los vaqueros, el encargado de pasar la llama gozaba de un estatus especial.

Las historias tienen una chispa, un poder: consuelan, conectan, transforman, destruyen, e incluso sanan. De la misma manera que todos tenemos una historia que contar, todos sabemos reconocer una historia bien contada. Por desgracia, no todos hemos nacido con el don de la narración. Sin embargo, después de años de enseñar *storytelling* a lo largo y ancho del planeta, nunca he conocido a nadie que, una vez aprendidos los principios que se exponen en este libro, no fuera capaz de contar su historia. El *storytelling*, como se verá, es connatural a la esencia del ser humano.

El mero hecho de contar nuestra historia es ya de por sí un acto de poder. Oír y contar nos inspira. Oyendo y contando vislumbramos una vida mejor. El resultado es que nos convertimos en personas más valientes. A partir de ahí sucede algo curioso: nuestras acciones, nuestros actos de valor individuales, conducen a la «sanación en la tierra», es decir, a la transformación de nuestro entorno.

Lo contrario es igualmente poderoso. El poder de la narración puede ser fatal. La historia nos demuestra que las historias no contadas pueden tornarse en una especie de genio maligno encerrado en una botella. Cuando se descorcha la botella se desata su capacidad destructiva.

Veamos un ejemplo. El 5 de noviembre de 2011 saltó a la luz pública que Joe Paterno, el célebre entrenador del equipo de la Liga Universitaria de Rugby de la Universidad del Estado de Pennsylvania, conocida como Penn State, había ocultado durante catorce años que su ayudante, Jerry Sandusky, estaba acusado de cuarenta casos de abusos sexuales a menores. Joe, al que todos llamaban «JoePa», era seguramente el entrenador más querido y venerado de la historia del rugby, pero sencillamente no tuvo el valor de decir la verdad. No supo enfrentarse a la realidad de la *historia* en la que estaba implicado. Cuando estalló el asunto, Joe Paterno perdió inmediatamente su empleo. Los estudiantes de la universidad se manifestaron violentamente en su apoyo. Joe murió de cáncer de pulmón seis semanas después. Jerry Sandusky, por su parte, fue juzgado y declarado culpable.

De la misma manera, las narraciones tienen un poder destructivo cuando se hacen eco de habladurías, insinuaciones o difaman a una persona.

La desaparición del periódico *News of the World*, propiedad del magnate Rupert Murdoch, fue posible cuando la intrusión y el insultante desprecio del rotativo por los sentimientos de una familia afligida por la muerte de uno de sus miembros agotaron por fin la tolerancia del público y del gobierno británico. Sin embargo, si la publicación mantuvo el poder absoluto durante años fue solo gracias al malsano apetito de sus lectores por las historias, sin importar por qué dudosos medios se hubieran conseguido.

Pero este no es un libro acerca del sensacionalismo.

Por el contrario, trata sobre el poder de las historias para sanar, rehabilitar, compartir una visión y, sobre todo, inspirar. Esta es la materia de los capítulos de la obra, todos ellos personales y verdaderos. El lector leerá acerca de emprendedores solidarios que ya no podían «permitirse el lujo de mirar a otro lado», activistas comunitarios, personas que se dedican a la «diplomacia ciudadana» e incluso un político caído en desgracia que salvó al mundo. Descubrirá el poder de la alquimia de las palabras introduciéndose en ambientes de Copenhague, Uganda, un suburbio de París y un pueblecito de Kentucky que de otra forma pasarían desapercibidos.

El objetivo de mis historias es motivar al lector a que preste atención a determinados elementos y características comunes que convierten una buena narración en una narración excelente. Con ello pretendo que el lector aprenda a aplicarlos en sus propias historias.

Desde la fogata de la cueva prehistórica hasta hace relativamente poco (en términos históricos), la tradición oral era nuestra única herramienta. La sabiduría eterna residía en los chamanes, los curanderos o los *griots* de las culturas tribales del planeta, que la transmitían por medio del folklore, los cuentos tradicionales, los mitos y las leyendas. Ese era el aprendizaje psicológico de las nuevas generaciones, su formación, su manera de adquirir confianza en que no solo superarían las inevitables adversidades de la existencia, sino que gracias a ellas crecerían y prosperarían.

Siempre pensamos que la Revolución Industrial terminó con la Segunda Guerra Mundial. Después llegaron los ordenadores, la Era de la Información, el boom de la publicidad en la Madison Avenue de los años 60 (según nos cuenta la exitosa serie *Mad Men*) y la televisión. Tras la revolución global de Internet de los años 90, en 2003 llegó el boom viral de las redes sociales, que trajo consigo la engañosa y arrogante idea de que todo el saber está al alcance de la mano. Contrariamente a lo esperado, la consecuencia de tanta inmediatez ha sido que la gente tiene menos curiosidad por descubrir el mundo, al menos de forma profunda. Hoy en día, el poder de la narración, su belleza contextual y su majestuosa capacidad de conmovernos están en decadencia por culpa de los ciclos de noticias emitidas veinticuatro horas al día los siete días de la semana, las horas malgastadas en publicar nimiedades en Facebook y Twitter y los interminables programas de telerrealidad.

Con esto quiero decir que seguramente los niños y niñas de hoy conocen los hechos pero no el contexto en que surgen. Como ya no habitan ni se educan en un mundo de narradores, parecen haber perdido la voluntad de profundizar y prefieren deslizarse por la superficialidad de lo inmediato.

Hace poco me quedé atónita cuando un estudiante de una de las mejores universidades de EE.UU. me preguntó: «John Lennon estaba en aquel grupo... ¿Cómo se llamaba?... Los Wings, ¿no?». O cuando en La Fémis, la elitista escuela de artes visuales de Francia, me preguntaron, como quien no quiere la cosa: «¿Y qué tiene de bueno Jean-Luc Godard?». O cuando hace poco una madre de familia de Chicago compartió conmigo sin la más mínima ironía una importante revelación: «Me acabo de enterar de que George Washington es el padre de la patria. Llevaba toda la vida preguntándome quién es el tipo que aparece en las monedas de veinticinco centavos». Y eso a pesar de que el tercer lunes de febrero, con motivo del cumpleaños de Washington y Lincoln, se celebra en EE.UU. el Día del Presidente. Cuando yo estaba en el colegio (y que yo sepa durante los 200 años anteriores) el 22 de febrero los estudiantes dedicábamos el día a aprender la biografía de Washington, que de niño le confesó a su padre: «No sé mentir. Yo he talado el cerezo». Aquella anécdota era como el aire que respirábamos.

Los doctores Marshall Duke y Robyn Fivush, de la Universidad Emory, han llevado a cabo un innovador estudio con niños llamado *Do You Know* en el que han logrado aislar el predictor perfecto para el nivel de salud emocional y felicidad en la infancia: las narraciones. Según este estudio, cuanto más sabe un niño acerca de la «historia» de su familia, es decir, cuanta más información posee acerca de su entorno familiar y de los obstáculos que sus miembros han debido superar para sobrevivir y prosperar, mayores son la sensación de control de su propia vida y su autoconfianza.

Como consecuencia, cada vez son más las personas que les cuentan su historia a sus hijos. Quizás sea porque ellos mismos no tuvieron la oportunidad de escuchar la suya de boca de sus propios padres.

A pesar de todo, aún hay esperanza. Al parecer, estamos entrando en una nueva era: La Era de la Narración (¡el retorno a la hoguera de la tribu!), o más bien la Era de la Creación de Contenido: gana quien tenga la mejor historia. Por eso es fundamental aprender a contar bien la nuestra. Para ello, lo primero que hay que tener en cuenta es que para que una narración tenga éxito es necesario conocer el *contexto* en el que sucede, es decir, el entorno que enmarca y aclara la sabiduría y las emociones que contiene.

En palabras de Norman Lear, creador de la famosa serie de televisión *Todo en familia*: «Vivimos en la época más emocionalmente embarullada de la historia». Las narraciones proporcionan claridad. Nos ayudan a descubrir nuestros sentimientos y a comprender el entorno que nos rodea. Sin ese contexto, la próxima generación estará perdida y confusa. Sin duda, el dominio del arte de la narración entraña un enorme poder.

El objetivo de este libro es que el lector adquiera las herramientas necesarias para relatar su historia con pasión y relevancia, y que aprenda a seducir, persuadir y fascinar a sus interlocutores con imágenes vívidas y a crear conexiones emocionales duraderas.

En cada capítulo relataré una historia que ilustre y aclare un punto clave del arte del *storytelling* y la apoyaré con otras secundarias si es necesario. El lector podrá también constatar que Aristóteles estaba en lo cierto al postular una verdad fundamental e inmutable del arte del *storytelling*: los buenos relatos tienen una estructura fija. Todos tienen introducción, nudo y desenlace.

Al final del libro, el lector encontrará una serie de ejercicios con los que poner en práctica sus habilidades narrativas antes de ponerse a redactar esa importante conferencia que tiene en mente o la memoria de su empresa, o de pasar la llama de su historia vital a la siguiente generación.

Las narraciones proporcionan claridad. Nos ayudan a descubrir nuestros sentimientos y a comprender el entorno que nos rodea.

«Seis fieles mayordomos
me han enseñado lo que sé:
se llaman Qué y Por Qué y Cuándo
y Cómo y Dónde y Quién.»

—

Rudyard Kipling, *El hijo del elefante*

1
El oficio

Kipling, uno de los grandes maestros de la narración, sabía bien que los relatos necesitan una estructura básica que responda a las preguntas fundamentales del qué, el cuándo, el dónde, el cómo y el por qué. Esta estructura es la leche materna de los periodistas. Como diría con voz seca el sargento Joe Friday en la serie televisiva *Dragnet*: «Los hechos señora, limítese a los hechos». Sin embargo, Kipling también sabía que lo que establece la conexión emocional entre el interlocutor y el relato se encuentra detrás de los hechos. Este dato es vital a la hora de relatar una buena historia. Yo lo denomino la historia tras la historia.

Antes de entrar en materia, hablemos un momento de la escucha. Como el poeta trascendentalista estadounidense del siglo xix Ralph Waldo Emerson observó con perspicacia, la gente dice siempre lo que piensa, lo sepa o no. Si escuchamos, nos daremos cuenta de ello. Nos pasamos la vida haciendo públicos nuestras actitudes y pensamientos más íntimos, y regalando nuestros puntos de vista sin darnos cuenta. Por eso el aprendizaje del arte del *storytelling* es tan importante. Nos enseña a saber qué decir y qué no decir (o qué no revelar).

Durante mis veinte años de trabajo como profesora, lo que más he hecho ha sido escuchar. Suelo empezar mis clases proponiendo a los alumnos que me cuenten, a mí y al resto de la clase, algo de sí mismos que de otra forma no podríamos saber. Los primeros dos o tres voluntarios suelen contar una anécdota sencilla. Nada demasiado revelador. Se ríen, están nerviosos y algo avergonzados, como el resto de sus compañeros. La clase entera comparte su incomodidad. Yo, mientras tanto, me limito a escuchar. Observo su nerviosismo y su reticencia. Me pregunto por qué han elegido contar algo de esa época particular de su vida. Después paso a escuchar lo que no dicen para tratar de encontrar la verdadera historia.

Normalmente les hago un par de preguntas. Entonces es cuando comienza la historia real. A partir de ahí, los asistentes están impacientes por participar. Las historias se vuelven más intensas y profundas. Todos necesitamos que nos escuchen. Todos tenemos una historia que contar.

Por ejemplo, un día un estudiante relató despreocupadamente un «interesante viaje» a Israel que hizo justo después de divorciarse. Narró casi con indiferencia su paso por Jerusalén y Cisjordania. Cuando terminó, le pregunté por qué había elegido visitar Jerusalén cuando estaba recién divorciado. En la clase se hizo el silencio. Conteniendo las lágrimas, respondió que su matrimonio se había roto después de quince años y que si lo pensaba bien aquel viaje había sido una especie de búsqueda espiritual.

Siempre digo a mis estudiantes que mi intención no es entrometerme en sus vidas ni facilitar un momento de unión grupal al estilo de la *New Age* californiana. Muy al contrario, estoy esperando el «momento umbral». Todos llegamos a umbrales. La cuestión es qué hacer una vez allí. ¿Nos quedamos petrificados? ¿Nos bloqueamos? ¿Tratamos de huir? ¿O más bien nos enfrentamos a nuestros miedos, nos armamos de valor y nos arrojamos al «fuego purificador»?

Otro estudiante, un atractivo joven que rondaba la treintena, contó que había sido jugador de rugby profesional pero que había tenido que abandonar a causa de una lesión. La clase escuchaba en silencio. Era un relato emocionante. Alguien entre nosotros había sido una estrella, aunque solo fuera una estrella fugaz en una enorme galaxia... Mientras tanto, yo observaba su lenguaje corporal y su forma de mirar al infinito cuando hablaba. Cuando terminó, me limité a preguntarle qué sentía por haber tenido que abandonar aquel tipo de vida y un deporte que llevaba practicando desde pequeño. Una vez más, los ojos se le llenaron de lágrimas. «Lo conseguí... Conseguí jugar en la Liga Profesional», dijo en voz baja. No pudo decir mucho más, pero sus largos años de esfuerzo y sus sueños rotos se hicieron intensamente presentes.

También recuerdo a una encantadora estudiante de Sri Lanka llamada Maya que me esperaba impaciente al final de una clase en Ronda, en la provincia de Málaga. Había sido alumna mía el año anterior. Su curso terminó el 15 de diciembre de 2004. Al día siguiente tomó un avión de vuelta a casa para pasar las vacaciones de Navidad. El 26 de diciembre fue a la playa en moto con dos amigas. Estaban cruzando por un istmo a un islote de la costa cuando de pronto se oyó un ruido ensordecedor. El enorme tsunami se les echaba encima por ambos lados destruyéndolo todo a su paso. Trataron de huir, pero las enormes olas no tardaron en darles alcance. Se agarraron unas a otras. Maya me contó que en aquel momento recordó la lección de vida sobre la sabiduría del *storytelling* que yo le había enseñado la semana anterior: que hay que aprender a reconocer el poder de la metanarrativa en la que se enmarca nuestra vida, y que en algún momento no tendremos más remedio que «dejarnos llevar» y permitir que la transformación tenga lugar. Por alguna razón, Maya se dejó llevar y la ola las arrastró a tierra a las tres. Cuando bajó el nivel del agua, estaban rodeadas de destrucción, basura y muerte, completamente turbadas y conmovidas.

Como decía antes, el objetivo de mis preguntas no es conducir a los estudiantes a un momento de terapia de grupo. Lo que pretendo es que tomen conciencia de su papel en el gran relato dentro del cual se enmarca su vida.

Todos somos parte de una gran historia. Hay una narrativa en perpetuo funcionamiento, constantemente cincelada y transformada por nuestras decisiones vitales. El *storytelling* nos proporciona una lente con la que observarlas con mayor claridad. Nos da perspectiva. Esa claridad nos permite tomar las riendas de nuestro destino. No somos víctimas arrastradas de aquí para allá a merced de los acontecimientos. Tenemos la capacidad de reconocer objetivamente las decisiones que necesitamos tomar. Podemos descargar nuestras frustraciones, salir de la confusión, incluso destejer un entramado de mentiras. Para ello solo necesitamos hallar nuestro lugar en una narración mucho mayor que podremos controlar de manera consciente una vez abramos los ojos. Las historias revelan nuestro verdadero carácter o lo transforman igual que se elimina la escoria en el proceso de refinado del oro.

De niña tuve la suerte de crecer escuchando a los mejores narradores del lugar donde nací. De hecho, yo misma procedo de una larga línea de narradores. El fundador de mi familia fue un patriota de la guerra de Independencia que luchó con Washington en Valley Forge y que se asentó en Kentucky cuando al finalizar el conflicto a los soldados se les concedieron terrenos. Allí construyó su granja, en un otero que había pertenecido a los cheroquis (debajo de la casa desenterramos objetos de barro y miles de puntas de flecha). Veinte familias se asentaron en aquella zona agreste y montañosa en las estribaciones de los Apalaches. Acabaron por convertirse en la aristocrática comunidad rural de Creelsboro. Al pueblo solo se accedía en barco, a través de barrancos resecos o por las sendas de los búfalos, antiguos caminos abiertos en la espesura. Mis antepasados compraron esclavos que talaron los árboles milenarios. En algún momento, mucho antes de la guerra civil, los liberaron y les dieron tierras en los valles que hay por encima de nuestra granja.

Alrededor de los veinte años, obtuve una beca para recopilar la historia oral de aquel remoto y aislado valle habitado por las mismas familias desde hacía más de 150 años. Quería registrar las historias de mis mayores antes de que murieran.

Solo conseguí encontrar una mujer afroamericana, una anciana llamada Luella, que era además descendiente de los esclavos de mi familia. Luella me contó muchas historias de su niñez en Creelsboro, entre otras la de que, a los noventa y cuatro años, su abuela había sido testigo de la partida de los últimos cheroquis. Se internaron en la niebla del río por la senda de los búfalos y no se volvió a saber de ellos. Le pedí que me hablara de su infancia en aquel remoto e inaccesible valle fluvial, pero ella captó rápidamente lo que en realidad le estaba preguntando. La pregunta que no tenía el coraje de hacerle era cómo había sido la vida de una joven de color en una comunidad completamente blanca. Se encogió de hombros, cruzó las manos en el regazo y respondió con absoluta dignidad: «Le voy a decir una cosa. Nunca reparé en el color de mi piel hasta que me mudé».

Fue entonces cuando descubrí que mi familia pertenecía a los pioneros del abolicionismo. Cuando le pregunté al respecto a mi tía bisabuela Margie, nacida en 1898, respondió ofendida: «Ni se nos habría ocurrido llamar la atención sobre lo que hacíamos o sobre nuestras ideas políticas. Aquí hacíamos las cosas a nuestra manera. En Creelsboro todos éramos iguales».

De no haberme lanzado a la caza de historias nunca me habría enterado de estas cosas.

Si me concedieron la beca fue porque la Biblioteca del Congreso de los EE.UU. se dio cuenta de que la historia oral era un género artístico original estadounidense que estaba a punto de desaparecer. Durante el proceso de registro de aquella memoria histórica en peligro de extinción, descubrí algo completamente nuevo. Me había embarcado en una especie de mágico viaje en el tiempo gracias a la lírica, el ingenio y el ritmo de los expertos narradores que yacían ocultos en las estribaciones de los Apalaches como diamantes en el carbón. Mi herencia cultural me llenó de orgullo y descubrí que las historias son la argamasa de la vida. En el pueblo de mi familia había que contar al menos una al día. Eran mucho más que un simple tema de conversación. Eran el iPod y las redes sociales de la época. La gente competía por narrar el mejor relato. Aquel terreno agreste y aquella constante competencia produjeron una verdadera cosecha de joyas del *storytelling*.

Me doy cuenta ahora de que el *storytelling* era ubicuo. Lo practicaban mis abuelos, mis tíos y tías, mis padres, profesores, vecinos, el cura del pueblo y los tenderos de la plaza. Cuando alguien llegaba a una casa se le ofrecía un trozo de pastel y una taza de café. A partir de ahí las historias se encadenaban unas con otras. «Eso me recuerda a aquella vez que...», decía alguien. Recuerdo que siendo muy pequeña, cuando caía la noche y me mandaban a la cama, mi madre me encontraba horas después dormida al pie de la escalera con la cabeza apoyada contra la puerta. Había estado escuchando tanto rato como había podido.

Años después recorrería la región en una especie de peregrinaje, recogiendo las historias de una época que se desvanecía ante mis ojos. Después de entregar las grabaciones al archivo del Museo de Kentucky, me mudé al verdadero corazón de Hollywood: el reino de la creación de guiones cinematográficos. Allí descubrí a mi tribu. No tardé en darme cuenta que el *business* del *show business* se basa en la pericia a la hora de contar un relato. He de admitir que al principio me quedé desconcertada. ¿Por qué era tan difícil? La respuesta era que para poder enseñar a otros a narrar adecuadamente tenía que deconstruir muchas cosas que daba por sentadas.

Me puse manos a la obra y descubrí una serie de principios fundamentales del *storytelling* que he conseguido reducir a diez y a los que me refiero una y otra vez.

La lista aparece en la página siguiente. Los veremos en detalle en los próximos capítulos. Con un poco de confianza en el proceso, se convertirán en una especie de segunda naturaleza para el lector, pues al fin y al cabo todos hemos nacido para contar historias.

Los 10 principios del *storytelling*

1. Cuenta tu historia como si se la contaras a un amigo. Este principio es válido en cualquier contexto y ante cualquier público.

2. Enciende el GPS: proporciona al público el lugar, el tiempo, el decorado y cualquier contexto que te parezca relevante.

3. ¡Acción!: utiliza verbos activos. Como suelo recomendar a mis alumnos: «Piensa como Hemingway». Utiliza una serie de verbos selectos pero procura que no sea demasiado larga. Usa el diccionario de sinónimos (sí, una *app* gratuita también sirve). Evita los polisílabos, los términos eruditos, la hiperintelectualización, los filosofismos y la excesiva prolijidad. ¿Ves cómo el uso excesivo de palabras de ese tipo y la lectura de parrafadas como la anterior es aburridísima?

4. Yuxtaposición: escoge dos ideas, imágenes o pensamientos y únelos. Déjalos chocar. Recuerda a Hegel: la oposición de dos ideas da lugar a una idea nueva (tesis + antítesis = síntesis). Este recurso engancha al público y es esencial en toda narración de éxito.

5. El detalle resplandeciente: elige un momento o un objeto cotidiano y conviértelo en un «detalle resplandeciente» que recoja y encarne la esencia de lo que estás contando. Convierte lo ordinario en extraordinario.

6. Pasa la llama: atrapa la experiencia o idea que te sedujo originalmente y simplemente pásasela al público como una antorcha encendida. Sé el portador de la llama.

7. Sé vulnerable: atrévete a compartir las emociones de tu relato. No tengas miedo de plantear al público las mismas preguntas que te surgieron durante la creación. Permítele experimentar la misma duda, confusión, ira, tristeza, intuición, júbilo, deleite, gozo e iluminación que experimentaste tú.

8. Conéctate con tu memoria sensorial: reconoce cuál de los cinco sentidos es el predominante en tu narración y utilízalo para establecer una conexión más profunda con el público. Los recuerdos están siempre gobernados por uno de los cinco sentidos.

9. Utilízate a ti mismo: eres un ingrediente más de tu relato.

10. Aprende a desprenderte: deja que tu historia fluya hasta su clímax emocional natural y después ciérrala y sal de ella lo más rápido que puedas. Procura que el público siempre se quede con ganas de más. Menos es más.

«Puedes hablar bien si eres capaz de expresar
el mensaje que llevas en tu corazón.»

John Ford

2
Las herramientas

Hace algún tiempo, una joven estadounidense llamada DJ Forza me pidió ayuda. La habían invitado a dar una charla TED en Zug, Suiza, sobre qué la había llevado a hacer un doctorado en diplomacia ciudadana. Estaba encantada de tener semejante oportunidad pero la aterraba hablar en público. Durante nuestras conversaciones fui testigo de cómo DJ aprendía a ser una narradora eficaz y confiada. Para lograrlo, puso en práctica los diez mandamientos del narrador. En este capítulo contaré nuestro proceso con el objeto de que el lector comience a reconocer las herramientas necesarias para basar, estructurar y dar forma a su historia.

DJ y yo nos conocimos un tarde en que, como diría Shakespeare, había que capear «la incierta gloria de un día de abril». Le propuse dar un paseo bajo la fina lluvia por el valle rebosante de campanillas en flor. Al contrario de lo que sucede en la consulta del terapeuta, donde el paciente y el profesional se sientan cara a cara, una caminata es ideal para este tipo de conversaciones porque ayuda a que fluyan las ideas. En efecto, el ejercicio físico ayudó a DJ a disipar la ansiedad que le causaba hablar con esa experta que se suponía era yo. Por mi parte, me limité a escucharla como una amiga. El mayor temor de DJ era de lo más habitual: la charla duraba veinte minutos y tenía mucho que decir y muy poco tiempo. No sabía cómo «ir al grano». El tema de su conferencia era extenso y elevado y ella deseaba con todas sus fuerzas animar al público a pasar las vacaciones trabajando como voluntario en los lugares más conflictivos del planeta, como a ella la habían animado antes.

Le hice una serie de preguntas específicas y concretas. ¿Cuál había sido su viaje personal? Con cierta reticencia al principio, pues no quería convertirse en el centro de atención, me confesó que antes de dedicarse al voluntariado había sido una ejecutiva de éxito en una gran corporación con base en Nueva York. Después habló de lo mucho que tenía por compartir. Cómo la población de los países en crisis o en conflicto no quiere «caridad», sino «ayuda» para salir del aprieto y continuar su vida. Después puso mucho énfasis, con gran pasión pero de forma general, en lo bien que funcionaban las organizaciones de ayuda con las que había colaborado. También mencionó que hay gente que cuando ve una catástrofe por la televisión se deja llevar por un concepto erróneo de compasión. Se presentan en el lugar para ayudar con sus mejores intenciones pero en realidad son turistas. En una catástrofe no hay tiempo para eso y este tipo de personas acaban malgastando recursos que las organizaciones podrían usar en paliar la situación de los damnificados.

Hasta ahí todo muy bien y muy lógico, aunque, la verdad, un poco aburrido. Decidí cortar la conversación. Quería oír su historia personal. Sabía muy bien que si se incluía a sí misma en la narración, el público conectaría con ella con mayor facilidad. Le pregunté: «¿Qué te ha resultado más difícil? ¿Qué has sacado de estas experiencias a nivel personal?».

Pero DJ no quería entrar en eso. Creía que esas cosas no interesan a nadie. De hecho, creía que eran asuntos estrictamente personales. Lo importante era el contenido de la misión. Hablar de sí misma devaluaba la importancia del trabajo.

Decidí darle otro enfoque. Le pregunté: «¿Qué es lo primero que se te viene a la cabeza al pensar en tus voluntariados?». Sus emociones saltaron a flor de piel de inmediato. Se le rompió la voz, enjugó una lágrima y recordó el 11 de marzo de 2011, el día del devastador terremoto y el subsiguiente tsunami que condujeron al desastre nuclear de la central de Fukushima, en Japón.

Gracias a sus contactos con una organización de voluntarios, DJ viajó a Japón a los pocos días de la catástrofe como parte del enorme equipo internacional de limpieza. Durante semanas, DJ y su grupo de voluntarios trabajaron codo con codo con las familias japonesas cuyos hogares y ciudades habían quedado convertidas en irreconocibles amasijos de escombros. Durante aquellas interminables horas de selección y limpieza, DJ conoció a una mujer japonesa de mediana edad que trabajaba junto a una pareja de ancianos. Era su hija y hablaba inglés. Los padres no.

Después de varios días, la hija invitó a DJ a tomar el té en su casa, que había salido relativamente indemne del desastre. La invitación dejó a DJ completamente atónita. Era un auténtico honor. Mientras la anciana preparaba el té con sumo cuidado, DJ recorrió la habitación con la mirada. En la pared había unas cuantas fotografías de un joven y atractivo soldado, seguramente el anciano con el que estaba a punto de sentarse a tomar el té, que la observaba en silencio desde un rincón. DJ preguntó en voz baja a la mujer si el joven soldado era su padre. «Sí, son fotos de mi padre de cuando la guerra», respondió. Los ancianos se dieron cuenta de que DJ hablaba de las fotografías, pero no dijeron nada. Entonces la hija comentó: «Por eso mi madre quería invitarla a usted a tomar el té. Le parece increíble que una estadounidense haga un viaje tan largo para ayudarnos. Es su manera de darle personalmente las gracias».

Le dije que tenía que contar aquella historia en la charla, pero DJ temía echarse a llorar si la contaba.

Sin embargo, esa era la verdadera historia, o como decía antes, «la historia tras la historia» (volveremos a este punto). Aquello era lo que la había inspirado, lo que la había hecho comprender la importancia de la diplomacia ciudadana. Por eso había abandonado su exitosa carrera de ejecutiva en Nueva York y se había convertido en miembro de Kiva.org, una organización internacional que emplea a profesionales cualificados como voluntarios y se dedica a los micropréstamos en más de sesenta países. DJ ha vivido cinco meses en Tiflis, Georgia, la antigua república soviética, y actualmente reside en Ginebra, donde está escribiendo la tesis doctoral sobre diplomacia ciudadana.

Un par de meses después, DJ abría su charla con una brillante yuxtaposición. Preguntó al público: «¿Qué pasaría si ustedes le dijeran a su madre que se van de vacaciones al lugar más azotado por la pobreza, los desastres y la guerra del mundo?». Es un magnífico comienzo. Enganchó al público inmediatamente con dos ideas contrapuestas: las vacaciones y la vocación de ayudar al prójimo. A partir de ahí, DJ pudo tejer la historia de su viaje personal y su creencia en el poder de la diplomacia ciudadana. Describió las campañas que están en funcionamiento actualmente alrededor del mundo, en las que trabajan profesionales cualificados, bien formados y con experiencia, capaces de aterrizar en cualquier lugar donde haya sucedido una catástrofe en cuestión de días y proporcionar la ayuda y cooperación necesaria de manera eficiente. Mostró imágenes del antes y el después de la campaña de limpieza en Japón, de Haití tras el terremoto y de la pobreza en zonas de guerra del mundo entero.

DJ me contó que después de la conferencia mucha gente le había dado las gracias por compartir su historia personal. Los había conmovido y ya estaban considerando formarse como voluntarios profesionales, lo cual era el verdadero objetivo de DJ.

A mí también me conmovió. En eso consiste el goce del *storytelling*. Iluminar al público y, en el mejor de los casos, animarlo a pasar a la acción. Una acción, además, que hará del mundo un lugar mejor. No se puede pedir más.

Una pequeña confesión. Al final Dj no utilizó la anécdota de su relación con la familia japonesa. Aún le preocupaba echarse a llorar en público. La he relatado aquí con su permiso.

Analicemos cómo Dj aprendió a narrar su historia. Antes de la conferencia:

1. Tenía miedo y estaba nerviosa. Nota: le sucede a todo el mundo. Hasta Ringo Starr (¡uno de los Beatles!) confiesa que aún se pone nervioso antes de salir a escena.

2. Sentía que tenía demasiadas cosas que decir en muy breve tiempo. Esto también sucede siempre. ¿Cómo aprender a «ir al grano» y elegir los puntos clave que nos ayudan a construir una historia conmovedora?

3. No quería convertirse en el centro de atención de la historia, pues el objetivo de la conferencia era mucho más importante que ella.

4. Tenía miedo de dejarse llevar por las emociones en público.

5. El tema de su conferencia, la importancia de la diplomacia ciudadana, era una gran responsabilidad. No había margen de error.

Veamos ahora los recursos prácticos que utilizó DJ para construir su historia.

1. Se ganó a la audiencia desde el principio por medio de la yuxtaposición de dos ideas opuestas: irse de vacaciones y viajar a zonas del mundo azotadas por la pobreza, las catástrofes o la guerra. Es un titular visual y eficaz. Imagínate un lugar horrible y después imagínate irte allí de vacaciones. Ese fue su «gancho».

2. Se llevó al público de viaje. Convirtió la conferencia en algo personal para que pudieran acompañarla.

3. Mostró de dónde provenía su sueño de dedicarse a la diplomacia ciudadana y después los distintos problemas y malas interpretaciones que existen sobre el tema. Hizo hincapié en el hecho de no convertirse en «turistas de la compasión», sino en voluntarios de una organización conocida y respetada en el campo de la cooperación.

4. Recurrió a lo sensorial, en su caso a lo visual. Mostró imágenes de zonas catastróficas, tanto del horror de la catástrofe como de los resultados de las campañas de cooperación. Cuando el público comprendió que tras el tsunami de Japón era necesario que todo el mundo «arrimara el hombro», supo apreciar el valor de las imágenes de la misma zona varios meses después, ya parcialmente limpia.

5. La narración de sus propias experiencias inspiró al público. Al final de la conferencia muchos se sintieron motivados a comprometerse.

Por mi parte, cuando cuento la experiencia de DJ, siempre añado a la narración una «cosita», un «detalle resplandeciente»: la invitación a tomar una sencilla taza de té en Japón. La participación en lo cotidiano llevó a DJ a experimentar lo extraordinario: el poder sanador de la diplomacia ciudadana, capaz de viajar en el espacio y en el tiempo.

En el siguiente capítulo analizaremos en profundidad este mandamiento.

LAS HERRAMIENTAS

«Pequeñas diferencias.»

Vincent Vega, *Pulp Fiction*

3
El resplandor del detalle

Para que una historia sea inolvidable es necesario encontrar esa imagen que conecta con el público, ese momento «¡Ajá!». Así se crea la epifanía de los grandes relatos, la sorpresa de la revelación o el suspiro del reconocimiento. Esa imagen singular, y bien situada, transforma una historia buena en excelente. A este elemento que hace que una historia en particular destaque entre muchas yo lo denomino el «detalle resplandeciente», expresión procedente de Irlanda, otro pueblos de grandes narradores.

El detalle resplandeciente es aquello que atrapa el tema y la emoción de la historia de un solo golpe. Es un singular y elegante momento de claridad. Es una representación literal de la verdad inherente a toda narración. Por eso, mientras desarrollamos nuestro relato, debemos preguntarnos cuál es la verdad interna de lo que queremos contar.

De esta forma el detalle resplandeciente se manifestará por sí solo. Lo primero que hay que hacer es escuchar lo que nuestra historia nos está diciendo. Por lo general, la esencia de un relato se revela en un detalle cotidiano. En el caso de DJ Forza fue una sencilla invitación a tomar una taza de té. Hay que dejarse llevar por él. Hay que aprender a no pensar demasiado. Muy a menudo, cuanto más cotidiano es el detalle, más extraordinaria es la verdad que revela.

Voy a recurrir al ejemplo de uno de mis estudiantes, un joven danés que nos contó la historia de Helga, su abuela materna.

A fines de los años cuarenta, Helga acudió a los tribunales para solicitar el divorcio y acusó a su marido de lo que hoy llamaríamos *malos tratos continuados*. En aquellos tiempos las mujeres no se atrevían a divorciarse. Poner en riesgo la estabilidad económica era peligroso.

Helga y su marido eran miembros muy respetados de la comunidad católica de la zona. Tenían dos hijos de tres y cinco años, vivían en una hermosa casa y tenían dinero. A pesar de ello, a Helga no le quedó más remedio que solicitar el divorcio. Se vio obligada a defenderse a sí misma ante el tribunal porque ningún abogado quiso aceptar su caso. Al final el juez terminó por concedérselo, pero sin desaprovechar la ocasión para sermonearla en público, afirmando que aquel proceder revelaba su carencia de valores. No le cabía duda, dijo, de que era una mala esposa y un decepcionante ejemplo de mala madre. También dijo que sentía compasión por sus hijos y que si le concedía el derecho de permanecer en el hogar familiar era para no privarlos a ellos de estabilidad. Cuando Helga por fin pudo volver a casa, se la encontró completamente vacía. Mientras ella estaba en la sala, siendo humillada por el juez, su marido había aprovechado para llevarse todo cuanto había en la casa, los muebles, los armarios con la ropa dentro, las camas, los juguetes de los niños, las lámparas... Hasta había arrancado los enchufes de las paredes.

Este breve relato de dolor emocional universal nos ofrece un detalle resplandeciente que muestra el motivo por el que Helga decidió soportar la humillación pública de un divorcio. La imagen de los enchufes arrancados nos hace comprender su absoluta necesidad de separarse de un marido tan mezquino y vengativo que fue capaz de negar a sus propios hijos no ya los juguetes, sino algo tan básico como la electricidad, la luz y la calefacción. Ese sencillo detalle revela perfectamente la verdad oculta de la historia: la desesperación emocional de Helga. La imagen de los enchufes arrancados manifiesta la total falta de humanidad que reinaba en aquel hogar. Despierta nuestra compasión y nos hace admirar su valor.

Hay que resaltar que antes de narrar la historia he ofrecido un breve titular: una mujer solicita el divorcio en los años 40, cuando no solo era poco frecuente sino que además entrañaba un enorme riesgo económico. Como público solo se nos cuenta el más simple de los hechos. No se nos ofrece juicio alguno acerca del marido. En un principio desconocemos los motivos de Helga. Solo se nos informa de que se lo juega todo a una carta y por ello se ve forzada a soportar el sermón del juez. El relato continúa, acompañamos a Helga para descubrir con ella que todo lo que hace habitable una casa ha desaparecido: los muebles, la ropa, incluso los juguetes de los niños. Cuando llegamos a la parte de los enchufes arrancados solo nos queda preguntarnos qué tipo de persona se toma la molestia de arrancar un enchufe.

Hoy en día, uno de los problemas de la narración es que tenemos el radar emocional embotado. Somos menos sensibles a los pequeños detalles y creemos que al público hay que ponérselo todo en bandeja. Que debemos ir rellenándole los huecos. Muchos narradores consideran necesario adornar su relato con un vocabulario florido o alegatos políticamente correctos. Veamos la siguiente narración de la misma historia a modo de ilustración: «Sé que es algo terrible de imaginar, pero les contaré la historia de una mujer cuyo cruel marido había convertido su hogar en un tortura tan terrible que se vio abocada a tomar medidas desesperadas». Añadamos también un posible final: «El hecho de que lo primero que tuvo que hacer aquella mujer, ahora sumida en la pobreza, fue contratar a un electricista, demuestra claramente lo mal padre y marido que era aquel hombre...».

Es innecesario. No hacen falta adornos, justificaciones ni explicaciones. Basta con contar la historia y dejar que el impacto emocional resuene por sí solo, como sin duda lo hará. La clave está en usar el recurso del detalle resplandeciente en su justa medida. Nunca debe dominar la narración y nunca debemos dejar que se note que es un recurso narrativo. Usémoslo con moderación. Con una o dos veces es suficiente.

Veamos un ejemplo clásico de cómo convertir lo cotidiano en extraordinario. La famosa película de Steven Spielberg *E.T.* (Universal Pictures, 1982) nos ofrece una muestra perfecta del uso del detalle resplandeciente. El objeto más común en la vida de un niño de diez años: una bicicleta.

Casi todo el mundo la ha visto, y posiblemente más de una vez, así que el lector recordará que al principio de la película unos extraterrestres recogen muestras en un bosque de secuoyas en una colina lejana que domina una ciudad cualquiera de Estados Unidos. Es de noche y las luces de la ciudad brillan en la distancia. De pronto, los extraterrestres se asustan por alguna razón, huyen apresuradamente y se pierden en el firmamento en su nave espacial. Sin embargo, un pequeño extraterrestre ha quedado atrás accidentalmente. Está solo en el bosque.

Al día siguiente, Elliott, un niño de diez años, llega al bosque en su bicicleta. Está explorando y también está solo. No le damos importancia a la bicicleta, es un objeto cotidiano en la vida de un niño. Más tarde nos enteramos de que el padre de Elliott ha abandonado a la familia hace poco y está en México con otra mujer. También nos enteramos de que

Elliott tiene un hermano de dieciséis años llamado Michael que, con sus tres amigos, se dedica a hacerle la vida imposible. Elliott es un niño muy solitario. Esa noche, los chicos mayores no le dejan jugar con ellos y le mandan a por pizza. Está oscuro y Elliott tiene miedo. Por supuesto, oye un ruido siniestro gracias al cual descubre a E.T. detrás de la casa. Los dos se asustan y gritan. Sin embargo, Elliott se sube en su bici al día siguiente y se va al bosque. Deja por el suelo un rastro de golosinas que conduce a su casa con la esperanza de que E.T. lo siga. No nos llama la atención que Elliott vaya en su bicicleta; al fin y al cabo es el medio de transporte, y también un signo de autoconfianza, de cualquier chico de diez años. Al día siguiente, Elliott abre la puerta trasera de su casa y se queda atónito al ver que E.T. ha venido para devolverle las golosinas. Invita a su nuevo amigo extraterrestre a entrar y le fabrica un cómodo escondrijo en el armario. Al día siguiente, sentado en su bicicleta esperando el autobús escolar, intenta contarle a su hermano y a sus tres amigos lo que ha descubierto, pero no le creen y se burlan de él sin piedad mientras suben al autobús.

A partir de entonces, Elliott se dedica conocer a E.T. Se establece entre ellos una especie de amistad mística. Al final E.T. le revela a Elliott su plan de llamar por teléfono a su casa, pero al mismo tiempo las autoridades estadounidenses averiguan dónde está E.T. El equilibrio cambia cuando Michael y sus amigos aceptan que Elliott sí tiene «poder». Cuando llega la policía, los cuatro adolescentes montan en sus bicis y comienza una divertida persecución por el barrio durante la cual incluso saltan sobre los techos de los coches patrulla. Consiguen escapar. ¡Las bicis vencen a los coches!

Después de burlar a la policía, Michael y sus amigos corren al bosque, donde descubren a Elliott y a E.T., que viaja en la cesta de la bicicleta envuelto en una sábana blanca. Se quedan pasmados. El equilibrio ha cambiado: Elliott se convierte en el líder del grupo. Los chicos pedalean a toda velocidad por las calles en dirección al bosque al encuentro de la nave nodriza. Por el camino, un hombre se cruza en la carretera y apunta a Elliott con una pistola. Asustado, Elliott cierra los ojos y de pronto lo cotidiano se convierte en extraordinario. Literalmente. Las bicicletas despegan del suelo y salen volando hacia la montaña. Entonces tiene lugar uno de los momentos más mágicos de la historia del cine: la escena en que los chicos vuelan en sus bicis por delante de la luna llena. Cuando llegan al bosque, Elliott, el nuevo líder, enseña a los cuatro adolescentes a aterrizar al unísono. Allí les espera la brillante nave nodriza dispuesta para partir.

Elliott contempla la marcha de su mejor amigo. Está valientemente de pie a distancia de su hermano, su hermana y su madre. Como público sabemos que nunca más se sentirá solo porque hay alguien que siempre le querrá incondicionalmente.

La bicicleta de Elliott es un ejemplo magnífico de cómo convertir en extraordinario un objeto cotidiano. La imagen de los chicos volando por delante de la luna representa a la perfección el arco emocional de la transformación de Elliott en un joven seguro de sí mismo. Simboliza su crecimiento.

Las historias nos proporcionan el contexto para comprender el poder de la transformación, el despertar de la consciencia, el tránsito del espíritu a la madurez. Esta experiencia llega al máximo de intensidad cuando tiene lugar en el clímax de una etapa, en un momento de transición vital clave en la vida de una persona, o cuando vemos cómo el mundo cambia ante nuestros ojos. ¿Cómo expresar eso en una narración?

«Creo que es la clase de emoción
que solo puede sentir un hombre libre.
Un hombre libre que comienza un
largo viaje de final incierto. »

Red, *Cadena perpetua*

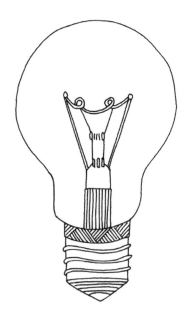

«Una vez conocí a un hombre que me contó que había
tenido que ir a casa de Fulano y "pedirle prestado
un poco de fuego" porque en la suya no "tenían fuego".
Sus palabras se me quedaron grabadas. Eran electrizantes...
Encerraban algo básico sobre la vida.»

———

Eudora Welty, escritora

4
Pasar la llama

Todas las historias tratan sobre la transformación. Lo sepamos o no, contemos lo que contemos, lo que compartimos con el público es siempre un «momento umbral», es decir, un cruce vital, un punto de inflexión, una bifurcación del camino. El umbral es un toque de atención: es hora de despertar y enfrentarnos al reto que se nos presenta. Es básicamente una llamada a la transformación. Ha llegado el momento de descubrir el valor que tenemos dentro y convertirnos en lo mejor que podemos llegar a ser. Es siempre un momento «elemental», una especie de llama, una chispa que nos conduce a la transformación.

Para muchos, nuestra historia personal gira alrededor de un momento particular que provocó que tanto nuestra vida como el lugar al que nos dirigíamos cambiaran por completo, personal o profesionalmente. A menudo este momento de transformación se convierte en la piedra angular de la obra de nuestra vida.

Por lo tanto, ¿cómo «pasar la llama» al contar nuestra historia, tanto en persona como, por ejemplo, en la página web de nuestra empresa, de forma que el público sienta lo que nosotros sentimos en aquel momento trascendental?

Las ONG y otras organizaciones humanitarias a menudo convierten su historia en un sermón con el objeto de que su público se comprometa, aporte dinero, realice un voluntariado o se una a la causa de forma más activa. Sin embargo, hoy en día este tipo de organizaciones compiten unas con otras en un mercado en el que sus «clientes» sufrimos de una especie de fatiga de compasión. Hay que reconocerlo. Son muchas las organizaciones válidas y meritorias que quieren llamar nuestra atención. Se nos pide continuamente una módica aportación, y lo habitual es que nos preguntemos si sirve de algo.

Muchas de estas organizaciones recurren a mí buscando una manera de contar su historia que les ayude a lograr sus objetivos. Yo siempre les digo que ese enfoque es ya de por sí un error. La pregunta más importante que el público se hace es la siguiente: ¿Por qué me importa esto? Lo que desea por encima de todo una persona que escucha una narración es que la conmuevan. El público siempre pide lo mismo: por favor, conmuéveme para que tu historia me importe. Necesito que me conmuevas. Cuéntame una historia que me ennoblezca.

Para conseguir que alguien se comprometa o tome partido por algo hay dos enfoques posibles: exponer los datos de manera realista o tratar de establecer una conexión emocional. Uno de ellos suele funcionar, el otro no tanto. Podemos apelar al sentido de culpa del público, cosa que no nos perdonará nunca, o bien atrevernos a tocarle la fibra sensible, cosa que nos agradecerá siempre.

Veamos unos cuantos datos sobre uno de nuestros más preciados recursos, el agua:

— En el mundo hay 663 millones de personas sin acceso a agua potable. Esta cifra equivale a una persona de cada diez en todo el planeta.

— Cada día mueren 4.100 niños a causa de problemas derivados de la falta de agua potable.
— La falta de agua potable causa más muertes al año que todas las guerras y demás formas de violencia.

En la Uganda rural y muchas otras zonas remotas de África, las mujeres se ocupan de acarrear el agua para sus familias. Caminan al menos cinco kilómetros diarios con dos contenedores de cerca de veinte litros de agua a cuestas. Al llegar a casa tienen que decidir si la usan para cocinar, para bañar a los niños o para lavar la ropa. Con un poco de suerte sobrará algo para regar el huerto. En la mayor parte de los casos se trata de agua sucia e insalubre. Son datos irrebatibles e indignantes, pero solo con ellos no lograremos que nadie se comprometa.

Cuando contamos una historia de este tipo podemos relatar los datos tal cual son o tratar de conectar emocionalmente con quien nos escucha. Una forma de lograrlo es implicar personalmente al interlocutor, «pasar la llama», y contarle al público *por qué* nos preocupa tanto este asunto en particular. Qué acontecimiento en particular nos obligó a comprometernos. Veamos la siguiente historia.

Durante años, Scott Harrison llevó la vida salvaje del típico relaciones públicas hípster que se mueve en el ambiente de la moda y los clubs de Nueva York. A los veinticinco años era dueño de su propio *loft* en pleno centro de la ciudad. En la agenda de su despacho figuraban los números de teléfono personales de la élite de la moda, la música y la vida nocturna de la Gran Manzana. En sus propias palabras: «Mis clientes se gastaban 365 dólares, sin contar la propina, en una botella de vodka Grey Goose sin pestañear». «La vida solo tenía sentido si entrabas en la zona VIP y te emborrachabas a muerte o te acostabas con alguien», recuerda. Se describe a sí mismo en aquella época como un triunfador, arrogante y desesperadamente infeliz. Y, claro, espiritualmente estaba en bancarrota, hacía tiempo que había abandonado la fe cristiana de su infancia.

Una noche Scott se dio de bruces con la realidad. Estaba harto del constante flirteo, de tener que mantenerse siempre en el candelero, de relacionarse solo con personas que se pasaban la vida encerradas en una oficina. Pensó en concederse un descanso y retomar el contacto con la fe y el servicio al prójimo. ¿Por qué no pasar un año trabajando de voluntario para una noble organización humanitaria en algún lugar lejano de África? Serían una especie de vacaciones alternativas y molonas. Solicitó empleo a varias ONG y descubrió que nadie lo aceptaba. Para empezar, carecía de formación. En segundo lugar, lo más seguro es que le vieran las intenciones. Sin embargo, Scott era perseverante. Se dio cuenta de que tenía que ofrecerles algo. Después de algún tiempo de tanteos, finalmente encontró lo que buscaba. En realidad era la única organización dispuesta a aceptarle, y eso solo porque había puesto en el currículum que era fotógrafo. Y lo era, hasta cierto punto. Hacía fotos de modelos, sobre todo en la famosa Fashion Week de Nueva York, y de edificios bonitos cuando viajaba a Europa. Pensaba que estaría fuera solo un año. No sabía qué sucedería después; solo sabía que la vida nocturna había terminado para él.

Como solo tenía una oferta de trabajo, Scott partió hacia el barco hospital de Mercy Ship, una organización humanitaria que ofrece cuidados médicos gratuitos en algunos de los países más pobres del planeta. Nunca había oído hablar de ella. No se anuncian en Nueva York. Se dedican a navegar de puerto en puerto por África con una tripulación de profesionales de la sanidad, voluntarios procedentes de los países desarrollados, que pasan las vacaciones atendiendo a los más pobres entre los pobres. Cuando Scott pisó por primera vez su camarote con tres literas individuales se le cayó el alma a los pies. Había pasado de vivir como un rey en Manhattan a la indigencia. Se consagró a su trabajo. Lo que veía lo dejaba boquiabierto y llorando a mares día sí y día también. Fotografiar las peores deformidades y tumores que puede sufrir una persona era una experiencia terrible. Cierto día, uno de los médicos de a bordo, que había empezado con una estancia de dos semanas en el barco y había acabado abandonando una carrera prometedora por dedicarse a la cooperación, le comentó de pasada que la mayoría de las enfermedades del mundo se deben al consumo de agua no potable.

Scott se quedó petrificado. Miró de arriba abajo el camarote compartido en el que vivía y se dio cuenta de que tenía muchas cosas por las que sentirse agradecido, entre otras su excelente estado de salud, que siempre había dado por supuesto. Desembarcó en Liberia y pasó algún tiempo en aldeas remotas e incluso trabajó en una leprosería, pues quería «poner cara a los más de mil millones de personas que viven en la pobreza en el planeta».

Cuando volvió a Nueva York, contemplando los cócteles de dieciséis dólares a los que le invitaban sus amigos para celebrar su retorno, Scott decidió dedicar sus considerables dotes de relaciones públicas de discoteca y su envidiable agenda de contactos a la creación de un evento sin igual: *The Water Ball*, el baile del agua. La idea era divertida, elegante y pura. Convenció a los asistentes de que el 100% de la recaudación se destinaría a un fin puro: Charity: Water, una organización humanitaria dedicada a financiar proyectos de agua potable en todo el mundo, a veces transportando perforadoras a las regiones más inaccesibles donde el agua se encuentra a tal profundidad que es imposible de extraer con la tecnología local. Diseñó una espléndida campaña de marketing basada en fotografías de niños jugando en el agua y mujeres felices bombeando agua del pozo de la aldea.

Con su primera perforadora, la organización excavó seis pozos en el norte de Uganda. Becky Shaw, la directora del programa, cuenta que cuando viajó hasta allí para hacer una inspección del trabajo: «Una mujer se me echó encima y empezó a gritarme a dos centímetro de la cara. No me di cuenta de que en realidad estaba cantando. Su tono de voz era muy agudo y estaba lleno de emoción y energía».

La mujer en cuestión se llamaba Helen Apio y era una de las miles que se levantaban antes del amanecer y caminaban cinco kilómetros con dos bidones de veinte litros a la espalda para que su familia tuviera agua. Al llegar al pozo tenía que hacer cola y a menudo cuando llegaba su turno ya no quedaba agua. En esos casos no tenía más remedio que usar agua contaminada del estanque. Durante el camino de vuelta pensaba qué hacer con el agua del día. ¿Regar el huerto para tener comida en casa? ¿Usarla para cocinar? ¿Usarla para beber o mejor para lavar los uniformes de los niños? A veces a sus hijos no los dejaban entrar al colegio por llevar los uniformes sucios.

«Soy muy feliz. Me da tiempo a comer, los niños pueden ir al colegio, e incluso puedo trabajar en el huerto y darme una ducha, y si se me termina el agua puedo venir a por más. Me estoy dando unos baños estupendos», le dijo Helen a Becky junto al nuevo pozo.

Becky observó las flores que Helen llevaba en el pelo y el precioso vestido verde que se había puesto para la ocasión. «Estás guapísima», le dijo. «Sí —respondió Helen—. Ahora me siento guapa», añadió.

Desde 2006 Charity: Water ayuda a las personas a llevar una vida normal gracias a sus proyectos de extracción de agua potable. Scott ha recaudado más de 260 millones de dólares, con los cuales ha financiado más de 24.000 proyectos en 24 países, algunos de ellos situados en zonas tan remotas que el acceso para las perforadoras es casi imposible. Scott se ha convertido en un auténtico especialista en perforadoras y geología. La página web de la organización, www.charitywater.org es moderna, alegre y divertida. El entusiasmo y la calidad de la gestión de Scott implican inmediatamente al público. Es un gran detallista. Se preocupa por las cosas pequeñas, como buen promotor de *nightclubs* de moda. Ha levantado su organización a base de fiabilidad, eficacia y simpatía. Y en parte lo ha logrado gracias a su destreza a la hora de contar la historia del momento que le condujo a la transformación sin ocultar nada.

Cuando Scott relata la historia detrás de la historia de Charity: Water, transmite al público de manera sencilla pero emocionante la experiencia original que lo cautivó. Naturalmente el público se conmueve y se siente compelido a implicarse y apoyar a la causa, a tomar partido.

Por otra parte, su historia personal revela el lado vulnerable de un presuntuoso empresario de clubs nocturnos. Hablaremos más de ello en el próximo capítulo.

«Solo conecta.»

—

E. M. Forster

5
Atreverse a ser vulnerable

Empezaré el capítulo aclarando que no hablaré de terapias. Los hindúes creen que estamos envueltos en unas especies de fundas ajustadas al cuerpo como las capas de una cebolla llamadas *samskaras*, que a su vez están hechas de dolor emocional o mal karma. Para convertirnos en adultos maduros y plenamente conscientes debemos romperlas. Contar nuestra historia puede sernos de ayuda, pero a cambio debemos estar dispuestos a ser vulnerables. A mostrar nuestro lado sensible.

Hace unos años viajé a Gales para asistir a las DO Lectures que The Encouragement Network organiza anualmente, y en una de las sesiones escuché lo que al principio me pareció una historia de interés local, es decir, una historia que tenía mayor relevancia y era de más provecho para los que vivían en la zona.

Shan Williams, madre y esposa de mediana edad y cabello rubio, se levantó para hablar. Comenzó confesando su miedo a hablar en público. «Por mis pecados, soy concejala», dijo a modo de presentación. Continuó diciendo que quería compartir con nosotros la historia de cómo había tratado de salvar la agonizante ciudad galesa de Cardigan. Cardigan, de 4.000 habitantes, había sido antaño una ciudad vibrante, famosa por sus fábricas de ladrillos y por ser el lugar donde se confeccionó por primera vez industrialmente ropa de trabajo para los mineros. Hoy en día todo eso ha desaparecido. Los jóvenes se van a vivir a otro sitio en cuanto pueden. La presa del río Mwldan ya no se utiliza para generar electricidad. Las fábricas de ladrillo han cerrado. El paisaje está salpicado de naves de almacenamiento y de supermercados que se llevan millones de libras de la zona cada semana.

Debo confesar que al principio escuché a Shan con un educado... aburrimiento. De nuevo la típica historia de cualquier sociedad democrática postindustrial, me decía a mí misma: el Rust Bowl de Detroit, la industria textil abandonada de Nueva Inglaterra... Incluso el pequeño pueblo de mi abuela al sur de Kentucky. Cuando yo era pequeña, podía caminar hasta la plaza del pueblo, entrar en cualquier tienda, saludar, y todo el mundo me llamaba por mi nombre. Hoy en día las grandes cadenas de supermercados construyen centros comerciales en la autopista, contribuyendo así a la desaparición de muchos de estos pueblos y pequeñas ciudades. Actualmente la plaza del pueblo de mi abuela está desierta. No hay un lugar para que los jóvenes se relacionen. Las antaño florecientes fábricas se vendieron a China y los centros comerciales venden productos fabricados allí a un público estadounidense que sufre de desempleo crónico y vive de los subsidios del Estado. El mercado es mucho más fuerte que el individuo, pensé. ¿Cómo va a enfrentarse a él una persona sola?

Shan continuó con su historia. Al parecer una gran cadena de supermercados planeaba comprar unos terrenos para construir otro centro comercial. Pero entonces, alguien puso en marcha una protesta y miles de personas se adhirieron. Coincidían en que su ciudad no necesitaba más supermercados. Shan decidió liderar el movimiento, que pasó a llamarse 4CG, que en galés significa *Cymdeithas Cynnal a Chefnogi Cefn Gwlad* (Sociedad en Apoyo de las Zonas Rurales Insostenibles), y cuyo fin era adquirir los terrenos y construir en ellos algo que la ciudad y sus habitantes necesitaran de verdad. Más de 650 personas la apoyaron. Se creó una sociedad por acciones, nació un movimiento comunitario. Sin embargo, para poder comprar el solar necesitaban una hipoteca y había una fecha límite: el 31 de diciembre. Los bancos tardaron en cooperar. El movimiento 4CG estaba a punto de perder el proyecto. El 23 de diciembre, Shan, que llevaba días intentando infructuosamente ponerse en contacto con el director del banco, le escribió un correo electrónico más. Recibió una respuesta automática de cortesía en la que se le informaba de que el director estaba de vacaciones y no volvería a la oficina hasta el 7 de enero.

Entonces, delante de las cien personas que había en la sala, a Shan le empezaron a temblar los labios. Con la voz rota de emoción, recordó el dolor de aquel momento. «No me quedaba más remedio que mirar a la cara a los accionistas y decirles que habíamos fracasado.»

La vulnerabilidad y la valentía de Shan me despertaron de golpe. Cuando ya solo quedaba un día para que comenzaran las vacaciones de Navidad, fue al registro de la propiedad y averiguó que el Irish Allied Bank era el propietario de los terrenos. Llamó a todos los directores de sucursal de Reino Unido para pedir ayuda pero ninguno quiso siquiera ponerse al teléfono. Hasta que llamó a Liverpool. Shan trataba de contener las lágrimas al narrarnos lo que sucedió después: «Hola Shan, soy Mark Dolan. Llevo un tiempo siguiendo a 4CG. ¿En qué puedo ayudarte?», dijo una amable voz al teléfono. «Ese mismo día conseguimos el préstamo para la hipoteca», contestó Shan en voz baja.

Hoy en día en los terrenos de 4CG hay un aparcamiento. Antes aparcar en Cardigan costaba una libra, pero ellos cobran una fracción de eso y así viene más gente a la ciudad a hacer la compra. Con las mil libras que ganan semanalmente han construido una guardería, un museo y una tienda de productos ecológicos. También gestionan un mercado semanal de productos orgánicos locales. Uno de los últimos proyectos de Shan y 4CG ha sido la creación de un sistema de compra de productos locales *online* capaz de competir con las grandes cadenas de supermercados. En palabras de la misma Shan: «Si no puedes vencerlos, únete a ellos». Su última idea es un proyecto de microhidroenergía en el río Mwldan.

En ese momento descubrimos el vigoroso carácter de Shan: «¿Por qué gastar 4 millones de libras a la semana para comprar productos procedentes de otras ciudades o países? ¿Por qué gastar 11.000 libras a la semana en agua? Esta ciudad siempre se ha alimentado de lo que producía y ha consumido su propia agua. Los ladrillos de nuestras fábricas se exportaban a todos los rincones del mundo. El puerto de Dublín está construido enteramente con ladrillos fabricados aquí. ¿Por qué perder nuestros empleos?».

Estaba a punto de seguir, pero, y esto es de lo más infrecuente, se detuvo y con un gesto de determinación dijo: «Basta por el momento». Me di cuenta de que deseaba oír mucho más. De la docena de charlas a las que asistí aquel fin de semana, su historia es la única que aún me da vueltas por la cabeza. ¿Qué habría pasado de haber tenido una Shan Williams, o un Atticus Finch de *Matar un ruiseñor*, o un George Bailey de *Qué bello es vivir*, en el pueblo de mi abuela? ¿Qué habría pasado si hubiera aparecido un o una líder?

He aquí uno de los grandes temas de las grandes historias: una persona contra el sistema. El valor que triunfa a pesar de los contratiempos y las más terribles presiones. La victoria de la determinación. En la victoria en algo ordinario como la construcción de un aparcamiento se forjan las personalidades extraordinarias. La humilde y vulnerable Shan es también un símbolo de valor e invencibilidad para todos los que hemos oído su historia.

Su determinación me recordó algo que dijo Muhammad Ali: «Los campeones deben tener aguante hasta el último minuto. Deben tener talento y también voluntad. Pero la voluntad debe ser mayor que el talento».

Si nos fijamos en la clásica elegancia de esta historia, descubriremos el mayor talento de Shan: sabe dar relevancia a lo que cuenta. Sus palabras nos siguen dando vueltas en la cabeza durante mucho tiempo porque proceden de una verdad y porque la esencia de esa verdad es la vulnerabilidad de la propia narradora. Su miedo al fracaso, su miedo a defraudar a la buena gente que la apoyaba. Si repasamos los diez mandamientos del narrador que vimos en el primer capítulo, veremos que Shan se atrevió a compartir sus emociones; supo mantener el interés dejándolo ascender hasta su clímax natural, la compra del terreno; es una historia personal, la historia de sus vivencias hasta llegar a ese clímax, y nos relató su experiencia como si se la relatara a un amigo, creando de ese modo un vínculo emocional con los presentes.

Analicemos también la estructura de su historia. Proporcionó las coordenadas del GPS y el contexto, un pueblecito de Gales. Explicó el «problema» con datos y acciones, la campaña para detener la construcción de otro centro comercial y la necesidad de que el banco se implicara.

La historia fluía hacia su clímax natural. Y en el momento final, a Shan se le llenaron los ojos de lágrimas y se le rompió la voz. Tuvo que contenerse para no echarse a llorar. Su pasión y su vulnerabilidad, cuánto significaba para ella no defraudar a su gente, resonaron en el interior del público como auténticos campanazos. Su fe en su historia y su intensidad emocional nos conmovieron. Se había ganado nuestra atención por completo.

Cuando Shan se dio cuenta de que todo estaba prácticamente perdido, pasó a la acción y no se rindió. Llamó a todas las sucursales del banco. No olvidemos que era 23 de diciembre, prácticamente Nochebuena. Nos viene a la mente la imagen de Shan al teléfono con el Mr. Scrooge del *Cuento de navidad* de Dickens y lo que este le respondería. La idea de Shan precisaba de un valor y una autoconfianza infatigables. Las grandes historias tienen siempre este momento de autorreflexión y elección consciente. Al llegar a ese punto, el ritmo de la narración disminuyó. Se había sentido enfadada, frustrada, le habían puesto zancadillas por todas partes.

Entonces, según sus palabras: «se oyó una voz amable al otro lado de la línea». Observemos cómo recuerda la amabilidad, la emoción opuesta a la ira y la frustración. El semblante de Shan empezó a relajarse. Suspiró con alivio. La hipoteca que tanto necesitaba estaba al fin a su alcance. Una hipoteca es algo cotidiano hoy día, pero en esta historia se convierte en algo extraordinario.

El premio final es el restablecimiento de las energías y la determinación de la protagonista y la desaparición de su ira. En ese momento, Shan abandonó el escenario. Naturalmente, tenía más que narrar. Pero prefirió dejarnos deseosos de saber más y su marcha sirvió de inspiración a los presentes.

El mayor talento de un narrador
es saber dar relevancia
a lo que cuenta.

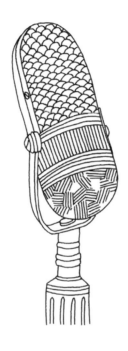

**«Olvídese del micrófono,
solo hábleme a mí. Como a un amigo.»**

—

Lionel Logue al rey Jorge VI, *El discurso del rey*

6
La historia tras la historia

De las historias fascinante es imposible cansarse. Pensemos por ejemplo en las adaptaciones cinematográficas de novelas de gran éxito como la saga de Harry Potter o *Los juegos del hambre.* Aunque el público las conoce y sabe cómo terminan, está deseoso de tener la envolvente experiencia audiovisual de lo cinematográfico. Hay algo enormemente placentero en compartir historias conocidas con nuestros seres queridos delante de la gran pantalla como si estuviésemos alrededor de la hoguera de un campamento. ¿Cómo dotar a una historia de frescura e interés?

En el mundo de la narración cinematográfica, los malos resultados de taquilla demuestran que para atraer al público, incluso al fan más radical, es necesario encontrarle un nuevo ángulo a una historia «conocida». Este nuevo ángulo debe tener una buena dosis de audacia. Debe aportar una perspectiva nueva que muestre el lado vulnerable, incluso vergonzoso, del protagonista en algún momento de su peripecia vital. A menudo esta es la auténtica historia, o la «historia tras la historia», la narración oculta que dota de unidad al todo. En muchos casos produce la identificación de un mayor número de espectadores con el personaje, incluso si sus rasgos principales son ya conocidos.

Por ejemplo, *La red social* (Columbia, 2010), con guion de Aaron Sorkin, es la historia de Mark Zuckerberg, el estudiante de Harvard que creó Facebook en 2003, siete años antes del estreno de la película. El filme, que en su día cosechó gran cantidad de premios, nos cuenta la historia tras la historia de este fenómeno global. La primera gran pregunta a la que Sorkin tuvo que enfrentarse es: «Por mucho que nos guste Facebook, ¿qué nos importa su creador?». Si quería que la película fuera un éxito, tenía que encontrar el lado vulnerable del protagonista para lograr la implicación del público. Además, tenía que ser una verdad universal con la que el público pudiera identificarse.

Así, *La red social* es la historia del hombre más solitario del mundo. Un veinteañero millonario con 500 millones de «amigos» que traiciona a cuantos le aprecian y al final ni siquiera puede conseguir que su exnovia acepte su solicitud de «amistad». *La red social* es una nueva vuelta de tuerca a un gran tema clásico: ¿Qué significa ganar el mundo y perder el alma?

Algo parecido sucede con la historia del rey Jorge VI de Inglaterra en *El discurso del rey*. David Seidler, guionista de la película, era un niño durante la Segunda Guerra Mundial y, al igual que el rey, padecía de una terrible tartamudez. David y su familia se trasladaron a Nueva York para escapar de los bombardeos de Londres y, al escuchar los discursos del rey en la radio, el joven comprendió lo que el monarca había tenido que soportar simplemente para ser capaz de motivar e inspirar a sus súbditos en aquel difícil período. El rey Jorge VI se convirtió en su héroe y siempre llevó su historia en el corazón. Cuando se convirtió en guionista escribió a la reina madre y pidió su permiso para contarla. Poco después recibió una carta del palacio de Buckingham con un impresionante lacre de color rojo en el sobre. El secretario privado de la reina madre le informaba de que su majestad no le concedía su permiso. Sin embargo, al final de la misiva mecanografiada la reina madre había añadido de su puño y letra: «Por favor, no mientras yo viva». Era demasiado doloroso. David, obediente súbdito británico, aparcó el proyecto. No sospechaba que la reina madre viviría hasta los ciento dos años.

Años después, cuando la reina madre había ya fallecido, David repasó el manuscrito. Ya tenía más de treinta años de experiencia como guionista y, por fin, se embarcó en el proyecto de narrar la verdadera historia de Jorge VI, un monarca tartamudo en la era de la radio. La tartamudez se convertía en un problema aún más embarazoso, pues el entonces duque de York tenía que hablar en directo para todo el Imperio británico en una época en que prácticamente había una radio en cada casa. De haber nacido una generación antes, habría bastado con que saludara graciosamente a lomos de un caballo. Una generación después sus palabras podrían haberse editado.

Limitarse a narrar de nuevo los momentos clave de la vida de Jorge VI habría sido muy aburrido y el guion aún estaría en el cajón de Seidler. De hecho, a pesar del nuevo y audaz ángulo que le había encontrado a la historia, cuando propuso por primera vez *El discurso del rey*, nadie reparó en su potencial. Ninguna productora de Hollywood estaba dispuesta a financiar una película que desde su punto de vista era insignificante, pues solo sería de interés para una reducida audiencia de británicos de cierta edad que habían vivido aquella época.

David tuvo que encontrar la historia tras la historia, su gran idea o *tema*. ¿Qué nos importa como público la vida de un miembro de una familia real que ha vivido rodeado de privilegios y riqueza desde su nacimiento? En pocas palabras, para valorar la vida de aquel hombre extraordinario debemos verlo como un hombre ordinario con miedos personales, que a su vez son universales.

Sabemos desde el principio lo que desea «Bertie», como se conocía a Jorge VI en su círculo íntimo. Desea ser capaz de hablar en público con fluidez y elocuencia. Pero para ello, primero debe enfrentarse a su peor miedo: el miedo de convertirse en rey. ¿Tiene lo que hay que tener? ¿Cómo conseguirá superar esa manifestación física de su temor? David Seidler nos cuenta que lo logró gracias a la inesperada amistad con Lionel Logue, un plebeyo australiano y quizás la única persona en todo el Imperio que cree que «Bertie» puede llegar a ser «un rey condenadamente bueno» y le da la confianza que necesita para superar el tartamudeo.

Como rey, Jorge VI tendrá que servir al pueblo, hablar en público y dar discursos en directo por la radio durante la Segunda Guerra Mundial. La brillante narrativa de David Seidler no nos brinda una historia, sino dos: la de Bertie, el futuro Jorge VI, un hombre extraordinario que se transforma en ordinario ante nuestros ojos; y la de Lionel Logue, un hombre ordinario al que vemos convertirse en extraordinario gracias a su amistad con Bertie y su inquebrantable confianza en él. Lionel Logue y esa amistad grande e ignorada constituyen la historia tras la historia de *El discurso del rey*.

Y es que la historia real en este caso es que Bertie nunca había conocido a un plebeyo. Nunca había tenido amigos más allá de su amada esposa. Al enfrentarse a su miedo a hablar en público, conoce a su primer amigo de verdad. Solo conociendo al plebeyo Lionel, Bertie consigue liderar y servir a su pueblo durante una terrible guerra. La amistad lo pone en contacto con su propia humanidad y le granjea la admiración y el cariño de sus súbditos. Los británicos lo tenían por un orador terrible, pero al contemplar su resiliencia a la hora de enfrentarse a la tartamudez, pudieron identificarse con el valor de su soberano, que se puso de manifiesto en el discurso al Imperio del 3 de septiembre de 1939, cuando Reino Unido declaró la guerra a Alemania. Para el pueblo británico, en ese momento se convirtió en el gran símbolo del coraje.

La pequeña historia que ningún estudio quería producir porque su argumento consistía en «dos tipos hablando en una habitación y uno de ellos es tartamudo», costó 15 millones de dólares y los productores tardaron varios años en reunir el dinero. Sin embargo, a los tres meses del estreno había recaudado 415 millones de dólares y había ganado el Oscar a la mejor película, al mejor director, al mejor guion original y al mejor actor, además de siete Baftas.

De no ser por la conexión personal de Seidler con el rey, por haber padecido la misma enfermedad, la película nunca se habría rodado.

La historia tras la historia siempre es personal. Pensemos en el caso de George Lucas. Durante los años 60, Lucas vivía en California y era un adolescente inmerso con pasión en el mundo de las carreras de coches. Sin embargo, el 12 de junio de 1962 un competidor chocó de costado contra su tuneado Autobianchi Bianchina y él salió despedido y se estrelló contra un árbol. Salió vivo de milagro. A partir de entonces, Lucas juró que dedicaría la vida a perseguir sus sueños. Más adelante trasladaría su pasión por los bólidos a películas como *American Graffiti* y sobre todo a la franquicia de *La guerra de las galaxias*, obra maestra de la épica intergaláctica.

Es posible afirmar que Barack Obama no habría ganado las elecciones de no haber escrito sus memorias *Los sueños de mi padre: una historia de raza y herencia*, en las que relata la vida de un joven de raza mixta en los Estados Unidos, país que aún se resiste a reconocer su propio racismo. Pero lo que es seguro es que no las habría ganado si los estadounidenses no se sintieran cómodos con su historia personal. Obama se adelantó y les ofreció su historia antes de ser famoso, antes de que se la inventaran los periodistas o la prensa amarilla. Fue una jugada inteligente y un buen ejemplo de lo que hay que hacer hoy día para triunfar.

Por eso el cazatalentos Bill Simon dice que para hacernos con ese trabajo que tanto deseamos debemos tener en cuenta que en el proceso de selección los reclutadores recuerdan sobre todo la «resonancia emocional» de los candidatos. «Cuando lo que cuentas transmite tus actitudes y tu pasión por lo que haces, de pronto la información, los datos y las calificaciones de tu currículum se vuelven inolvidables. La historia que cuentes llegará al corazón del entrevistador y seguirá allí mucho tiempo después de que hayas salido del despacho.»

Conectar con la verdad de nuestra propia historia puede ser tarea ardua. El primer impulso es siempre minusvalorarla pensando que no es nada del otro mundo y que no le interesa a nadie. ¿A quién puede importarle (excepto a nuestra madre)? En realidad, conectar con nuestra propia historia es nuestro mayor poder. Todos somos únicos. Todos nos hemos enfrentado a circunstancias difíciles, hemos experimentado el triunfo, el fracaso y la decepción. Sin embargo, lo que nos hace excepcionales es nuestra manera personal de armarnos de valor ante la adversidad. Esta es la historia que los demás quieren oír. Por eso debemos aprender a contar nuestra historia, y a contarla bien.

Ahora que el lector es prácticamente un experto en la materia, seguro que casi puede *sentirlo*. Por eso en el próximo capítulo hablaremos sobre las maneras de dar intensidad a un relato por medio de la memoria sensorial.

«No necesitamos magia para cambiar
el mundo. Llevamos el poder
que necesitamos en nuestro interior:
tenemos el poder de imaginar mejor.»

—

J. K. Rowling

«El simple acto de elevar cualquiera de los
sentidos, ya sea la vista, el tacto, el oído,
el olfato o el gusto. Aislar uno de ellos
siempre crea una conexión emocional.»

David Lynch

7
Evocar los sentidos

A menudo recurrir a la memoria sensorial crea un vínculo sólido y duradero con el interlocutor. La narración sensorial de una historia ayuda al público a «sentirla» y en determinados casos le permitirá retenerla mucho después de que el acto de narrar haya terminado. En toda experiencia hay un sentido predominante. En este capítulo nos centraremos en el gusto. Al recurrir a él en su historia, una mujer fue capaz de cambiar la forma de comprar y consumir alimentos de millones de personas.

Alice Waters es una activista alimentaria y chef norteamericana. Es la dueña del globalmente conocido restaurante de Berkeley Chez Panisse, en California, famoso por el uso de ingredientes locales, por sus pizzas al horno de leña de roble, y por ser uno de los pioneros del movimiento a favor de los alimentos orgánicos California Cuisine. También es cofundadora del movimiento Slow Food y de los mercados de productores locales, así como del programa escolar Edible Schoolyards. Alice incluso tiene fama de haber inventado lo que hoy en día se entiende por ensalada en Estados Unidos. La mezcla de lechugas prelavadas que se vende actualmente en los supermercados es idea de Alice. Lo sé porque siempre que compro ensalada me acuerdo de ella con asombro y gratitud. Cuando yo era niña, en el sur de Estados Unidos una ensalada era un porción de temblequeante gelatina sobre una hoja marchita de lechuga iceberg. Encima de la gelatina había un chorro de mayonesa y una guinda. ¿Saludable? Lo dudo mucho. Alice Waters ha sido la punta de lanza de una revolución que ha transformado la cesta de la compra, la cocina y el paladar de millones de personas. No lo hizo porque se hubiera embarcado en una misión sagrada, su objetivo era sencillamente el retorno del *sabor*. Quería rescatar el placer de comer para sentirse bien. ¿Cómo hizo uso de la memoria sensorial para llevar a cabo este cambio?

Todo empezó el 2 de diciembre de 1964, cuando Alice estudiaba en la Universidad de Berkeley y asistió al famoso discurso en el que el activista Mario Savio conminó al público a poner «el cuerpo sobre los engranajes [...] para parar la máquina». Aquellas apasionadas palabras fueron el germen del Movimiento por la Libertad de Expresión, que a su vez puso en marcha la contracultura, de cuyo seno surgió la campaña de manifestaciones masivas y en su mayoría no violentas contra la guerra de Vietnam. Por entonces todo el mundo quería cambiar el mundo, sobre todo en Berkeley.

En medio de todo aquello, Alice, que estudiaba Filología Francesa, se fue a estudiar a Francia durante un semestre. En París descubrió que lo normal era hacer la compra en mercados rebosantes de productos frescos de cultivo local (la tradición aún continúa). Alice volvió a California enamorada de los alimentos frescos, locales y no homogeneizados. También había aprendido a cocinar y lo que más le gustaba en aquellos días intensos y llenos de debate de Berkeley era cocinar para sus amigos. Se le ocurrió abrir un restaurante de comida casera, y en 1971 inauguró Chez Panisse en homenaje al novelista francés Marcel Pagnol.

Pero ¿cómo encontrar en Estados Unidos alimentos frescos como los que había en París? Aquí ya no sé si esta parte de la historia estadounidense es irónica o trágica. Como sabe cualquier colegial, el «gran tomate americano» es una fruta. Los tomates eran un alimento básico que las familias cultivaban en el jardín. En agosto las cocinas rebosaban de tomates maduros, rojos y jugosos. Sin embargo, a principios de los 60, cuando los hipermercados comenzaron a sustituir a las tiendas de alimentación locales, aparecieron los ubicuos, enormes e insípidos tomates procedentes de las megaplantaciones que habían arruinado a los agricultores locales. Los huertos caseros no tardaron en pasar a la historia. Los tomates de supermercado eran grandes, pero se cultivaban para poderlos transportar a largas distancias. Hoy en día sigo siendo incapaz de comerme uno. Por dentro son blancos y no saben a nada. Es como comer poliestireno.

Un día encontré el anuario del instituto de mi madre y comprobé que allá por los años 40 las chicas eran esbeltas y saludables mientras que las de mi promoción tenían sobrepeso. Más tarde fui a la compra al supermercado local. Caminé por pasillos bien iluminados, con hilo musical y aire acondicionado. Había kilómetros de manzanas golpeadas, lechugas mustias, pan blanco, comida congelada, galletas con nombres cursis como «Debbie» o «Little Susie» y un monumental despliegue de cereales azucarados para el desayuno. Aparqué mi chirriante carrito y me fui de allí preguntándome en qué momento nos habíamos acostumbrado a hacer toda la compra en el mismo sitio y alimentarnos de productos completamente desprovistos de valor nutricional.

Mientras tanto, Alice Waters andaba investigando el rico valle central de California, el equivalente geográfico del valle del Tigris y el Éufrates, y descubrió pequeños pueblos agrícolas que cultivan lo que consumen.

Viajó de San Francisco a San Diego, nada menos que ochocientos kilómetros, en busca de fresas orgánicas. A la vuelta, el boquiabierto editor de una revista de alimentación de Nueva York que la acompañaba fue testigo de cómo subía al avión con una gran cesta de fresas y se sentaba con ella en las piernas. El aroma conquistó a todos los pasajeros y la gente empezó a pedirle que le dejara probar «solo una». Aunque era consciente de que lo más probable era que llegara a San Francisco con la cesta vacía, Alice accedió. Al cabo de un rato, le echó una mirada resplandeciente al editor y le dijo: «Me da la sensación de que esto es todo un descubrimiento».

La primera vez que fui a Chez Panisse, el oasis de sabores y belleza de Alice Waters en el moderno Berkeley, no me podía creer que en un restaurante se respirara tanta tranquilidad. Era un bungalow de los años 20 de estilo Arts and Crafts con candelabros de cobre que proporcionaban iluminación natural. Un maravilloso horno de pizza de leña de roble recibía a los clientes en el salón, algo verdaderamente revolucionario en aquella época. Alice había convencido a un fabricante de hornos turinés de que se lo construyera. Cada noche, antes de abrir, un empleado quemaba una rama de romero y la fragancia inundaba el comedor. Y no hablemos ya de la frescura de la mantequilla... No acertaba a comprender cómo el restaurante podía ser tan extraordinario, pero sencillamente lo era.

Empecé a seguir las noticias de los progresos de Alice como el que colecciona recortes de artículos de su estrella de cine favorita. Me encantaba leer la historia de las fresas y los embelesados pasajeros del avión, o la de aquella vez que, en una conferencia presidida nada menos que por Julia Child, la decana de la cocina francesa, Alice hizo un alegato en favor de los productos orgánicos y locales. Child se quedó de piedra y expresó su desaprobación diciendo: «Querida, creo que infravaloras la calidad de los productos de nuestros supermercados». Fue un auténtico choque generacional. Alice imaginaba algo diferente. Y mejor. Y asequible para todos los bolsillos. Era una misión. Alice estaba verdaderamente «poniendo el cuerpo sobre los engranajes para parar la máquina».

Decidió proveerse de alimentos orgánicos de cultivo local y adaptar el menú de Chez Panisse a lo que hubiera cada día. No faltó quien la acusara de pedantería. ¿Por qué no compraba al por mayor y almacenaba en un refrigerador industrial como todo el mundo? En lugar de eso, Alice puso en marcha una campaña para animar a los granjeros, pescadores y agricultores locales a abastecer su restaurante. La reputación de su «revolución silenciosa» no tardó en cruzar las fronteras de Estados Unidos. Su demanda de materia prima fresca terminó creando una red de granjeros y agricultores expertos en productos orgánicos. Había nacido el Mercado de Productores de California, que goza desde entonces de gran éxito.

Mientras veía cómo Chez Panisse cobraba relevancia, no dejaba de pensar en algo que un día me pareció frustrante e incluso de mal gusto: que las «exigencias del mercado» nos hubieran robado el pan nuestro de cada día. Alice, sin embargo, se había limitado a dedicarse a lo que la apasionaba. Su amor por el gusto y su apasionada búsqueda de todo cuanto este sentido tiene que ofrecer habían abierto un mercado para el bienestar diario. El pan de vida, literalmente. Se había convertido en una maestra del arte del bienestar.

Había tenido una gran idea. Hoy en día hablamos a menudo de un tuit o un vídeo de Youtube que se han hecho virales. Sin embargo, lo que ha hecho evolucionar a la civilización ha sido siempre el valor de una gran idea transmitida de persona a persona. Al final, era inevitable que la revolución culinaria de Alice Waters llegara a la Casa Blanca.

Alice llevaba años tratando de convencer a los distintos inquilinos de la Casa Blanca de que cultivaran un huerto ecológico. Las esposas de los sucesivos presidentes la felicitaban por el éxito de su famoso restaurante. Los Clinton cenaban en el local siempre que estaban en la ciudad, y Hillary incluso llegó a enviarle una nota en la que le contaba que Bill y ella tenían macetas de hierbas aromáticas en el balcón. Sin embargo, Alice no creía que los líderes políticos del país comprendieran la importancia de lo que estaba en juego en este movimiento a favor del gusto y la salud, así que recurrió a los medios de comunicación y en una entrevista dijo: «Los alimentos de calidad, cultivados sin pesticidas ni herbicidas, deberían ser un derecho, no un privilegio. Todo el mundo los merece por igual».

Cuando Fanny, su única hija, entró en el instituto de enseñanza secundaria Martin Luther King de Berkeley, Alice se quedó horrorizada por la pésima calidad del menú escolar. Los estudiantes compraban el almuerzo en máquinas expendedoras de comida basura. Entonces solicitó al centro que le permitiera utilizar un viejo y estropeado patio de juegos de asfalto, recaudó el dinero necesario y organizó un huerto ecológico en el que los alumnos participaban en todo el proceso, desde la siembra hasta la cosecha, pasando por el riego y abonado diario. También hizo construir un horno de pizza rodeado de flores comestibles. Cuando el famoso programa de televisión *60 Minutes* visitó las instalaciones para realizar un reportaje sobre la iniciativa, el equipo se sorprendió al observar el nivel de compromiso de los estudiantes con la experiencia agrícola. Las cámaras grabaron a un animado y alegre grupo de adolescentes de doce años amasando y horneando pizzas al aire libre en una especie de trance. Después las sacaron del horno en silencio y se las comieron. Eran la evidente personificación del bienestar.

Alice casi había perdido la esperanza de que la Casa Blanca la escuchara hasta que llegaron los Obama. Les escribió una carta en la que les pedía que dieran ejemplo de compromiso con el medio ambiente, la alimentación saludable y el autocultivo. Pero lo cierto es que Michelle Obama ya estaba en esto. Su primer proyecto fue la creación de un huerto ecológico y la instalación de colmenas en el jardín de la Casa Blanca. La campaña recibió el nombre de *Let's move* y su objetivo era concienciar al público de los peligros de la epidemia de obesidad infantil que azota el país. El *New York Times* informó de que por primera vez en treinta años la obesidad infantil había disminuido un 5 % en varios estados.

Un artículo del *San Francisco Chronicle* decía así: «La campaña *Let's move* de Michelle Obama [...] se centra en muchos de los principios que Alice Waters lleva años popularizando. [...] Chris Lehane, asesor político que ha trabajado para Al Gore y Bill Clinton, la considera "la George Washington del movimiento y al norte de California las trece colonias". [...] Si hay una persona responsable de todo este movimiento, es Alice Waters».

La historia de Alice esconde una sorpresa. Descubrimos algo que casi habíamos olvidado y que ni siquiera sabíamos que habíamos perdido. En el fondo, su historia es un viaje de recuperación de la esencia de nuestro bienestar por medio de uno de los sentidos: el gusto. Alice también tenía un sueño. Estaba convencida de que es posible abastecerse de alimentos de calidad si se construyen redes sostenibles de granjeros, agricultores y pescadores. Creía fervientemente que el simple placer de consumir alimentos sanos y nutritivos aumentaría con el fomento del talento culinario y la creación de un mercado para los restaurantes que decidieran trabajar con productos orgánicos de cultivo local. Un resultado inesperado de su visión fue la recuperación de la conciencia de comunidad, un mundo interconectado. Parafraseando un conocido eslogan: «La curación estaba en la tierra». La de Alice es una clásica historia de transformación en el seno de una generación que en su momento pasa el testigo a la siguiente. El mundo había cambiado.

Por desgracia, en 2013 hubo un devastador incendio en el restaurante. Muy en su estilo, Alice publicó un elocuente comunicado la mañana siguiente: «Hace exactamente treinta y un años tuvimos un primer incendio que destruyó la pared que separaba el comedor de la cocina. Decidimos no reconstruirla y ello transformó Chez Panisse por completo al establecer una hermosa conexión entre ambos espacios. La renovación y la restauración son procesos de importancia vital, de modo que ya hemos comenzado la reconstrucción».

Alice es una de mis heroínas personales. Pertenecemos a la misma generación y soy una gran admiradora de la forma de vida que ha elegido. Su historia evoca los sentidos de una forma maravillosa. Quizás la del lector no sea tan intensa, pero no hay que olvidar que al dar preponderancia a uno de los cinco sentidos, una historia no solo se vuelve más visceral, sino que también permanece mucho más tiempo en la memoria del interlocutor. Como dijo David Lynch, y como tantos narradores han demostrado, el simple acto de aislar uno de los sentidos establece la conexión emocional con el público más directa que existe.

«Sé el cambio que quieres ver en el mundo.»

Gandhi

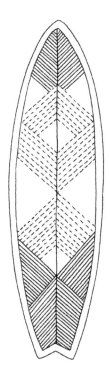

«La verdadera aventura es un viaje del
que no es seguro que salgas vivo, pero con
certeza te convertirá en una persona distinta.»

—

Yvon Chouinard

8
La historia es el viaje

En marzo de 2017, la revista Forbes incluía a Yvon Chouinard, propietario de la empresa de material deportivo Patagonia, en su lista de billonarios. Inmediatamente la empresa emitía un comunicado en el que manifestaba su «rotundo desacuerdo con la inclusión en la lista de Forbes». Según los estándares actuales, son muchos los que se sentirían orgullosos de ser considerados billonarios y pertenecer a tan selecto club.

En palabras del propio Chouinard, un antiguo rebelde de los años sesenta: «Soy empresario desde hace casi sesenta años. Me resulta tan difícil articular esas palabras como a un alcohólico reconocer su adicción». Chouinard relata su trayectoria hasta convertirse en empresario de talla mundial en su libro *Que mi gente vaya a hacer surf: la educación de un empresario rebelde*, una rara combinación de ensayo sobre el arte de hacer negocios elogiado por la *Harvard Business Review* y la revista de aventuras *Boy's Own*.

Nacido en 1938 en el seno de una familia de emigrantes francocanadienses, Yvon creció en las afueras de Burbank, California, donde descubrió su pasión por la cetrería y la escalada en roca, deporte que al principio practicaba con unas resbaladizas zapatillas deportivas. En su libro, Yvon nos cuenta cómo de adolescente decidió convertirse en el primer hombre en escalar el North American Wall de El Capitán en Yosemite, que se cuenta entre los ascensos más emblemáticos y difíciles del mundo. En realidad, si acabó de empresario fue porque para poder seguir viviendo su pasión por la montaña necesitaba fabricar sus propios materiales de escalada. Aprendió herrería para forjar los pitones que había inventado. Almacenaba los materiales de su compañía, a la que bautizó con el nombre de Chouinard Equipment Limited, en el maletero del coche y los vendía al pie de la misma montaña. La hoja de ventas de aquella época, un documento fotocopiado de una sola página, decía, «Distribución irregular entre abril y octubre», es decir, durante la temporada de surf y escalada.

«Nos sentíamos especialmente orgullosos de que la escalada en roca y hielo no fueran actividades con valor económico en la sociedad. Los políticos y los empresarios [...] y las grandes corporaciones eran para nosotros la encarnación del mal.» Sin embargo, no es esta la historia del presente capítulo. Desde la *Odisea* de Homero a *Lawrence de Arabia* de David Lean (o cualquier otra gran película), un viaje al arte del *storytelling* es ante todo un viaje al interior de nuestro propio carácter y nuestra alma.

Como decía en el capítulo 6, en los años que llevo analizando historias he aprendido que cuando una persona sufre una transformación vital completa, como es el caso de Yvon, un hippy rebelde que acabó de empresario de prestigio internacional, siempre existe una realidad profunda que hay que desenterrar, porque la historia de esa persona es el relato de un viaje. Uno de los ingredientes de la «verdadera historia de la vida» de Yvon es su gran amistad con otro rebelde de los años 60, Doug Tompkins, una especie de alma gemela. Es la historia de un viaje que emprendieron juntos y que duraría toda la vida, la historia de cómo mantuvieron el contacto con su lado salvaje, de sus trayectorias personales, de la creación de una empresa global y de la misión personal que cada uno emprendió por la conservación de la naturaleza para las generaciones futuras.

Todo comenzó una noche de juerga por San Francisco en 1968. Aquella noche Yvon y Doug tramaron un plan para desaparecer durante seis meses. Iba a ser un viaje único de más de 12.000 kilómetros, desde California a la Patagonia argentina, en el que explorarían montañas vírgenes y descubrirían playas en las que nadie había surfeado antes. Susie, la mujer de Doug, acababa de dar a luz tan solo dos semanas antes. A pesar de todo, Yvon, Doug y dos amigos más cargaron su equipo de escalada, sus tablas de surf y sus esquíes en una vieja furgoneta Ford y pusieron rumbo a la Patagonia. Se bautizaron como los *Fun Hogs*.

Un día caluroso y húmedo pararon a refrescarse en un río en medio de la jungla colombiana. Mientras se enjugaba la frente con su bandana roja, Yvon decidió de pronto saltar de cabeza desde el puente al río que corría por debajo. Al principio Doug se rio de la típica audacia de su amigo. De pronto se quedó helado. Yvon no salía a respirar. «¡Mierda!» Yvon estaba flotando boca abajo en el agua, inconsciente.

Doug bajó al río a la carrera, se tiró al agua y sacó a su amigo. Había sufrido una fractura por aplastamiento en las vértebras del cuello. Afortunadamente, no tan grave como para tener que abandonar el viaje. El Santo Grial que perseguían era el monte Fitz Roy, una montaña de 3.400 metros en Argentina, hasta entonces solo conquistada en dos ocasiones.

En cuanto iniciaron la escalada, se desató una tormenta que los dejó bloqueados en la montaña, pero ellos no se dieron por vencidos. «Pasamos treinta y un días en una cueva de nieve. Fue horrible», recuerda Chouinard. Cuando se levantaron las nubes, salieron de la cueva y escalaron hasta la cima. Estuvieron allí veinte minutos y decidieron que era hora de volver a casa. Y es que, como dice Yvon: «Escalar la montaña es más importante que llegar a la cumbre".

Regresaron al norte de California con sus familias pero nunca volvieron a ser los mismos. En 1964, Doug y Susie crearon la conocida marca de material de montaña North Face, llamada así porque, como Doug sabía muy bien, la cara norte es siempre la más fría de una montaña. Al cabo de un tiempo la vendieron, y se convirtió en una marca mundialmente conocida.

Doug y Susie empezaron entonces a vender vestidos para niñas a la última moda en mercadillos callejeros. En cuestión de unos años, habían convertido la nueva marca de ropa de Susie en Esprit, una compañía internacional de ropa para adolescentes valorada en varios millones de dólares.

Mientras tanto, Yvon, empeñado en producir ropa deportiva de calidad, empezó a importar camisetas de rugby de Inglaterra. En el logo de su nueva compañía, Patagonia, estaba la silueta del monte Fitz Roy.

Yvon continuó con su costumbre de dirigir la empresa desde lejos e introdujo la práctica de concederse a sí mismo y a sus empleados un horario flexible. Mientras hicieran su trabajo, podían tomarse el tiempo libre que desearan para esquiar, hacer surf, escalar y trabajar por la protección del medio ambiente. La compañía creció de forma continua, si bien modesta, hasta que Malinda, la esposa de Yvon, descubrió la synchilla, un tejido fabricado a partir de botellas de plástico disponible en colores fuertes como fucsia, azul neón y rojo cereza. Patagonia se convirtió en el último grito de la noche a la mañana. Los beneficios subieron hasta los cien millones de dólares. A Yvon se le empezó a conocer como el Gucci de la ropa deportiva.

Mientras tanto, Esprit luchaba por mantenerse joven, fresca, vanguardista y a la última a nivel mundial. Se diría que tanto Doug como Yvon estaban atados a sus imperios textiles. Sus compañías les monopolizaban la vida. Sin embargo, seguían siendo amigos y aún se tomaban diez días libres de vez en cuando para irse de aventuras y relajarse un poco.

Entonces, cierto día de finales de los 80, Doug recibió un mensaje de Yvon en el que le preguntaba si le apetecía contribuir con 50.000 dólares para comprar una parcela enorme de tierra virgen en Chile. La propiedad, que había pertenecido al círculo de Pinochet y estaba lista para ser desarrollada industrialmente, era una ganga. Comprándola quizás podrían contribuir a la conservación de su amada Patagonia. Doug le envió el dinero inmediatamente, pero después decidió hacer más. Viajó a la Patagonia para observar por sí mismo el increíble golpe de suerte que habían tenido: iban a comprar y proteger a perpetuidad miles de hectáreas de tierra virgen antes de que fuera demasiado tarde. Decidió dejar San Francisco. Susie y él se divorciaron. Con su parte de la compañía, unos 125 millones de dólares, Doug empezó a comprar tierra en Chile y Argentina con el objetivo de devolverla una vez se hubiera creado una red de parques nacionales y se hubiera diseñado un plan de conservación viable.

Poco después Yvon se enfrentaba a una elección vital similar. El 31 de julio de 1991, una serie de malas decisiones empresariales obligaban a Patagonia a despedir a 120 empleados, alrededor del 20% de sus trabajadores. «Nuestro particular *Black Friday* y uno de los peores días de mi vida», en sus propias palabras. Yvon lo pasó mal. Nunca había querido ser empresario. Los problemas legales habían crecido al mismo tiempo que la empresa. Las dificultades de la cadena de suministros lo agobiaban. Había llegado el momento de vender. Además, todo el mundo se lo aconsejaba.

Pero entonces tuvo una revelación. ¿Y si conseguía que el negocio le beneficiara a él? ¿Y si conseguía manejar la empresa a su manera? ¿Y si conseguía que lo que era bueno para él lo fuera también para el planeta? Si tenía éxito, ganaría más dinero para hacer el bien, así que se puso manos a la obra y reinventó su práctica empresarial.

Yvon era consciente de su amor por la naturaleza y de que le encantaba romper las normas. Aplicó la famosa máxima socrática de «La vida sin examen no merece la pena» y dedicó unos cuantos meses a realizar un retorno a lo esencial. Se reunió con sus empleados para decidir qué podía ser Patagonia si se convertía en una compañía de éxito. «Era muy importante que tuviéramos éxito, pues de lo contrario nadie querría escucharnos», decía Yvon.

Aunque era mucho más caro, decidió trabajar con algodón orgánico. Se dedicó a educar a sus clientes por medio de espléndidos *newsletters* con fotografías de la naturaleza, datos sobre conservación y temas medioambientales y, por supuesto, sus productos. Por ejemplo, en uno de ellos explicaba que la compañía no utilizaba tintes naranjas debido a su alta toxicidad. Cuanto más información brindaba a los clientes, más subían los costes de los suministros, sin embargo los beneficios se incrementaron en un 25% incluso durante la crisis financiera de 2008-2010, después de la cual se triplicaron. Yvon aprendió de nuevo que «La calidad es el mejor plan de negocio. Siempre que pensamos primero en el planeta acabamos ganando más dinero del que jamás habíamos imaginado». Yvon llegó a la conclusión de que el consumidor sabe lo que es mejor para el planeta y está dispuesto a pagar por ello.

Poco después, Yvon fundaba 1% for the Planet, una alianza de empresas que donan un 1% de sus beneficios de venta a causas y proyectos relacionados con la protección del medio ambiente. Patagonia ha donado millones de dólares a más de mil grupos ecologistas. Más de cuatrocientas empresas se han sumado a la iniciativa.

Yvon, además, siguió colaborando con Doug Tompkins y Conservation, un conglomerado de proyectos en Chile y Argentina. Sin embargo, Doug se enfrentaba a una oposición extraordinariamente dura en Chile. En aquella época no había precedentes en Sudamérica de individuos, y mucho menos extranjeros, que gastaran cantidades exorbitantes con el fin de proteger la naturaleza. «Al principio la gente pensaba que era un espía. Nadie creía que fuera a devolver la tierra», dice Claudio Seebach, un antiguo asesor del presidente chileno Sebastián Piñera. Se le tildó públicamente de arrogante por atreverse a decirles a los chilenos que su sueño de desarrollar industrialmente las zonas rurales de su propio país era un error. Recibió ataques por todos los flancos, hubo incluso amenazas de muerte. Sin embargo, a pesar de la polémica, Yvon y Doug siguieron tomándose sus días de descanso cada vez que podían para hacer senderismo y salidas en kayak por la región. Yvon invitó a Kristine McDivitt, la directora ejecutiva de Patagonia, a uno de esos viajes. Doug y Kristi se dieron cuenta de inmediato de que compartían el sueño de proteger la naturaleza. No tardaron en casarse y convertirse en un matrimonio ecologista.

A pesar de los problemas, Yvon y Doug decidieron repetir el viaje de California a las montañas de la Patagonia que habían hecho en 1968. Aunque ambos habían cumplido ya los setenta, su plan era escalar una montaña sin nombre que además les pertenecía. A estas alturas eran propietarios de miles de hectáreas en la Patagonia, que habían puesto a nombre de su organización Conservación Patagónica. El documental *180 grados sur* narra su aventura. En la escena final, el equipo está asando ostras recién pescadas en un fuego de campamento. Yvon se come una ostra mirando la salida de la luna. «No hace falta más. Esto es todo lo que se necesita», dice sencillamente.

Doug y Kristi se consagraron a la misión de crear un sistema de parques nacionales similar al estadounidense, que además acababa por entonces de reintroducir al lobo gris en Yellowstone. Esperaban ser testigos del retorno a la región del jaguar y otras especies en peligro de extinción. Entonces Doug comenzó el proceso de cesión de los terrenos al público. En 2015 había creado tres parques nacionales en Argentina y dos en Chile y seguía luchando por la creación de varios más.

Uno de ellos, Parque Patagonia, se encuentra al sur de lago General Carrera (de casi 150 kilómetros de longitud) en Chile. En diciembre de 2015, Doug, de setenta y dos años, e Yvon, de setenta y siete, el escalador Rick Ridgeway y tres personas más salieron en kayak para explorar este lago volcánico y sus cuevas de mármol durante cinco días. Doug calificó el viaje de «Excursión por los viejos tiempos. Para mantenernos en forma y hacer un poco de músculo». Al cuarto día se abatió sobre el grupo lo que Yvon ha descrito como una «tormenta perfecta con vientos de 65 kilómetros por hora que nos azotaban por detrás hasta que de pronto también nos cogió un viento lateral, de manera que nos golpeaban olas enormes por ambos lados».

El kayak de Yvon consiguió llegar a tierra pero el de Doug volcó. Pidieron ayuda por un teléfono vía satélite. Doug y su compañero lucharon contra las olas en las gélidas aguas volcánicas del lago hasta que Doug se desmayó. Lo transportaron en helicóptero a un hospital local. Varias horas después moría de hipotermia. El mundo entero quedó conmocionado.

«La verdad es que no íbamos preparados. Doug llevaba unos chinos, una camisa Brooks Brothers, un jersey ligero y un impermeable. Como el pintor Zen que siempre deja una parte del cuadro sin terminar, Doug siempre dejaba un espacio para el desastre», admitió Yvon.

No deja de resultar irónico que un hombre que se hizo millonario con el negocio de la ropa cuente la muerte de su mejor amigo describiendo lo que llevaba puesto. Hay mucha humildad y tristeza en sus parcos comentarios sobre lo ineficaces que fueron aquellos deportistas de élite a la hora de salvar a Doug de los peligros de la implacable naturaleza.

Cuando se hizo pública la noticia de la muerte de Doug, su gran sueño recibió un último empujón. Chouinard explica que los presidentes de Chile y Argentina les llamaron diciendo: «Vamos a poner en marcha la red de parques nacionales».

El 15 de marzo de 2017 la prensa mundial informaba del evento: la presidenta chilena Michelle Bachelet firmaba un acuerdo con Kristine McDivitt Tompkins, viuda de Doug. Tompkins Conservation se comprometió a donar a Chile más de 400.000 hectáreas para la apertura de nuevos parques nacionales en lo que ha sido la mayor donación privada de tierras a la nación sudamericana. Los Tompkins, que han comprado y protegido cerca de un millón de hectáreas de montañas, lagos, ríos y bosques en Chile y Argentina, han pasado a la historia como los conservacionistas privados más importantes de todos los tiempos.

Quizás ese sea el motivo del enfado de Yvon cuando dos meses después la revista Forbes lo calificaba de millonario. Como él dice: «Nos pasamos la vida construyendo una imagen personal que los demás perciben». Para Yvon ha sido mucho más importante *cómo* escalar la montaña del éxito que llegar a la cima. Lo demás da igual.

Aplicación de las estrategias del *storytelling*

Atrévete a ser vulnerable

Atreverse a contar el viaje de nuestra vida puede parecer arriesgado. Confesar los motivos de nuestras elecciones vitales, los momentos embarazosos, las experiencias emocionales difíciles que la definen no es tarea fácil. Pero hay que tener presente que la única razón por la que contamos historias es para conectar en la verdad y «pasar la llama» a otros. La historia de este capítulo tiene un final irónico, ya que Doug e Yvon trataron de domesticar la esencia salvaje de la naturaleza, lo cual es una contradicción. ¿Qué sentimientos te despierta?

Yuxtaposición

Dos ideas chocan desde el primer párrafo. Cuando Forbes elogia a Yvon por convertirse en millonario, él rechaza el cumplido. Los lectores nos preguntamos quién hace una cosa así y por qué. El viaje de convertirse en empresario de renombre mundial y el de perseguir la aventura personal parecen contraponerse entre sí hasta que se funden al final del capítulo. ¿Sucede algo parecido en tu historia?

La amistad de Doug Tompkins e Yvon Chouinard es una celebración de la vida y la experiencia, de la pasión por la naturaleza y su conservación. Hasta que al final tienen que enfrentarse a sus propios límites cuando se encuentran a merced de lo salvaje. Piensa en cómo te afecta la ironía de esta verdad. ¿Eres capaz de nombrar esas emociones?

El resplandor del detalle. El uso de la «regla del tres»

La ropa es el motivo visual predominante porque ha sido la fuente de la riqueza de ambos protagonistas. He decidido conscientemente subrayar tres veces lo que llevaban puesto durante tres arriesgadas aventuras. Yvon sobrevivió las dos primeras pero la tercera acabó en una tragedia que Doug quizás podría haber evitado de haber ido vestido adecuadamente para la expedición en kayak (pero tal vez no).

Para poner mayor énfasis en la historia tras cualquier historia hay que ser discretos en el uso del detalle resplandeciente. El misterio y la intensidad emocional se crean simplemente con tres apariciones de este importante recurso. La «regla del tres» es de uso universal tanto en la narración como en la vida. De ahí la expresión: «No hay dos sin tres».

No te aferres. Cuenta tu historia. Deja al público con ganas de más

Este capítulo termina con dos sencillas frases de Yvon sobre la prematura muerte de su amigo. No hay mucho material acerca de la reacción íntima de Yvon ante esta tragedia personal. Solo podemos inferir sus sentimientos a partir de su comportamiento público a partir de entonces. Parece coherente con Yvon como persona y con el recuerdo que quiere dejar. Como dijo Doug acerca de su sueño de abrir doce parques naturales en la Patagonia: «¿Quién quiere una tumba? ¿No sería mejor que la gente pudiera caminar por la naturaleza eternamente?».

«Va por los locos.»

—

Steve Jobs

9

Convertir lo personal en universal

En mis treinta años de experiencia en *storytelling*, nunca he conocido a nadie con las dotes de comunicación de Steve Jobs. Fue capaz de convertir el complicado mundo de la informática, considerado hasta entonces territorio de *nerds*, en algo *cool* e incluso sexi. Tenía alma de actor, era un vendedor nato. Intuitivamente entendió que es a través de las historias cómo todos vemos; encienden nuestra imaginación.

Las historias son el medio por el que vislumbramos nuestro lugar en el mundo. Siempre que Steve tenía que vender un producto o una idea, vinculaba lo abstracto a un momento personal, a un suceso o experiencia propio, mostrando además su vulnerabilidad en el proceso. Su verdadera pasión, no obstante, fue siempre «vender la idea de la creatividad personal» como una especie de revolución y al mismo tiempo un derecho que inexorablemente acabaría redundando en beneficio del bien común.

Y lo que es más importante, lo veía como algo que ya estaba en marcha. Como un verdadero visionario, su manera de comunicarlo era mediante historias personales que incluían una «visión de futuro». Veamos tres de sus más ilustrativos «momentos de *storytelling*» de la época de la revolución del ordenador personal. Nos ayudarán también a descubrir la humanidad de un hombre cuyo personaje público ha sido muy malinterpretado. Una persona cuya vida acabó de forma brusca debido a una muerte prematura. En palabras de Edna St. Vincent Millay: «La vela que brilla el doble dura la mitad».

Steve Jobs, cofundador y presidente ejecutivo de Apple, fue, según quienes lo conocieron, un auténtico visionario. En 1976, a la edad de veintiún años, fundó Apple junto a Steve Wozniak, el creador y diseñador del Apple 1. Trabajaban juntos en el garaje de la modesta casa de la familia Jobs en un barrio de las afueras de Los Altos, California. Steve nunca aprendió código. Nunca construyó un ordenador. «Quiero dejar mi huella en el universo», ese era su único objetivo. Su vida ejemplifica perfectamente la definición de líder visionario del Oxford English Dictionary: «Una persona con ideas propias acerca de cómo debe o puede ser el futuro».

El mundo no ha vuelto ser el mismo desde que Jobs impuso la visión de que un ordenador personal es una especie de «bicicleta de la mente» y que una vez que todos estemos conectados personalmente, las ideas y la productividad florecerán y la creatividad no conocerá límites.

Un año más tarde, en 1977, Steve se hacía multimillonario con tan solo veintidós años, al tiempo que Apple II se convertía en uno de los ordenadores personales producidos en masa de más éxito de la historia. Tres años después, una visita al Xerox PARC en Palo Alto, California, le llevaba a inventar la interfaz gráfica de usuario, conocida por sus siglas en inglés GUI. Era justo lo que andaba buscando, avanzar hacia un uso más natural, humano y conectivo del ordenador. Con la invención del revolucionario Macintosh, Steve ponía a Apple en otra dimensión y marcaba el comienzo del auge en la publicidad de ordenadores de sobremesa. El

Macintosh fue presentado al mundo por obra y gracia del ya legendario anuncio dirigido por Ridley Scott, en el intermedio de la Superbowl de 1984. Aún está considerado como el anuncio más famoso de todos los tiempos. Sin embargo, este primer Mac no fue un éxito comercial porque no cumplía las promesas que le había hecho al mundo. Steve era una persona difícil. Como él mismo reconocía, se comportó como un líder «arrogante». En 1985 fue despedido por su propio consejo de administración.

Así comenzaban once años de «exilio» durante los cuales se casó con Laurene Powell y tuvo tres hijos, si bien ya tenía una hija, Lisa Brennan-Jobs, fruto de su relación con Chrissan Brennan. Steve se gastó su fortuna de 150 millones de dólares (solo se quedó con una acción de Apple) en el desarrollo de NeXT, el sistema operativo del futuro, según su punto de vista (y de nadie más, por cierto). Además también compró una recién nacida compañía de animación por ordenador llamada Pixar, porque creía en el sueño de sus fundadores, Ed Catmull y John Lasseter, de llegar a producir un largometraje enteramente generado por ordenador. La única exigencia de Steve: que fuera un auténtico bombazo. Como diría años más tarde: «Sencillamente no podía no hacer lo que me apasiona». Se gastó su fortuna, buscó inversores, se endeudó hasta las cejas y sudó sangre durante el largo proceso de gestación de la primera película de Pixar, *Toy Story*. Mientras tanto, Microsoft conquistaba el mercado y Apple se volvía cada vez más insignificante.

En 1997, Apple estaba al borde de la quiebra y el consejo de administración votó a favor del retorno de Steve como *i-CEO*, «i-director ejecutivo». La «i» era de interino. Nadie daba un céntimo por Apple. Steve sabía que tenía que ofrecer a su equipo, a los inversores y a los clientes potenciales una visión de por qué alguien querría adquirir un producto Apple, un producto que para colmo ni siquiera había sido diseñado aún. Entonces fue cuando decidió jugárselo todo a una carta. Se gastó lo que quedaba del presupuesto para publicidad en un anuncio que él mismo escribió con la firma publicitaria Chiat Day, el icónico *Think Different*. Durante un minuto, genios y visionarios del siglo veinte como Martin Luther King, Richard Branson, Muhammad Ali o Amelia Earhart nos miran en blanco y negro desde la pantalla mientras una voz en off dice: «Va por los locos, los inadaptados, los rebeldes...», y ensalza a los que se han atrevido a pensar diferente, pues ellos son los que han cambiado el mundo. Es emocionante. Es inspirador. Solo al final aparece el sencillo logo de Apple, la famosa manzana mordida. Steve desafiaba a sus futuros clientes a pensar diferente, a alinearse con aquellos visionarios que, desde luego, de vivir hoy en día tendrían un Apple. Sembró en las mentes la visión de un futuro en el que un ordenador contribuiría al empoderamiento. Lo llevó al terreno de lo personal. En pocas palabras, simplemente por pensar así, ya éramos todos unos genios. Steve no tardó en convertirse en director ejecutivo y presidente de Apple con todas las letras (menos la «i»). Vendió NeXT por 427 millones de dólares a Apple, donde se transformaría en el Mac OS X, la piedra angular de la nueva era de la compañía. Actualmente el lanzamiento de un nuevo producto de Apple genera colas que dan la vuelta a la manzana durante días enteros.

Ocho años más tarde, en 2005, Apple, sus ordenadores, tanto portátiles como de sobremesa, y sus iPods (el iPad y el iPhone estaban aún por llegar) protagonizaban uno de los relatos de superación más famosos de la historia empresarial mundial. La Universidad de Stanford invitó a Steve, que había abandonado sus estudios universitarios en el Reed College de Oregón en 1972, a dar el discurso de graduación de aquel año. Steve ofreció a la concurrencia tres sencillas historias personales:

1. Confesó que su madre biológica lo había dado en adopción y que había hecho prometer a sus padres adoptivos que lo enviarían a la universidad, pero que cuando él se dio cuenta del sacrificio que eso significaba para ellos, que se estaban gastando todos sus ahorros es una universidad privada, no pudo soportarlo. Dejó los estudios, durmió en sofás en casa de amigos, trabajó recogiendo latas y se matriculó en cursos que de otra forma no habría podido disfrutar, caligrafía por ejemplo. Si no se hubiera abierto a lo que le interesaba de verdad, hoy en día el Macintosh no dispondría de la bella gama de fuentes que hace de Apple la empresa pionera en edición electrónica.

2. Habló de su reciente diagnóstico de cáncer de páncreas. Gracias a lo que por entonces era solo un encontronazo con la muerte, había aprendido a mirarse en el espejo cada mañana y preguntarse: «¿Es esto lo que quiero hacer en realidad?». Si la respuesta era «no» durante varios días, cambiaba el rumbo.

3. Recordó a los jóvenes que procedía de una época en que no había ordenadores ni Internet y las ideas se compartían por medio de fanzines caseros que se distribuían en fotocopias, como el antaño popular *Whole Earth Catalogue*. En la última página de cada número aparecía la foto de una solitaria carretera rural, un camino sin asfaltar que desaparecía en el horizonte con una frase al pie: «Mantente hambriento, mantente estúpido». Les dio un último consejo: «Abrid la mente, no perdáis la curiosidad». Nunca se sabe dónde nos va a llevar la vida. Dijo que lo único que había hecho era «Confiar en que todo iba a ir bien». Era un hombre

vulnerable, con sentido de la autocrítica, divertido... incluso humilde.

Quizás el mejor y más visionario discurso que Steve pronunció fue el último, el del 7 de junio de 2011. Para sorpresa del público y la organización, Steve se presentó en el ayuntamiento de Cupertino, California, para pedir ayuda para el proyecto de construir la sede central de Apple, que crearía más de 12.000 puestos de trabajo, en lo que había sido el aparcamiento de Hewlett-Packard. Para entonces ya era de dominio público que Steve sufría de cáncer de páncreas terminal. Aunque aún era el director ejecutivo de la compañía, nadie le habría reprochado que no asistiera a la reunión de aquel lunes por la noche. Sin duda podría haberlo dejado en manos de Tim Cook (que lo sustituiría como director ejecutivo poco después) o Jonathan Ive (el director del departamento de diseño).

Pero para Steve aquello era un asunto personal. Un escalofrío recorrió la sala; la gente empezó a aplaudir y vitorear al demacrado y frágil Steve Jobs mientras se levantaba para dirigirse al pleno del ayuntamiento de Cupertino. Quería compartir su sueño de una sede central de Apple. «Hemos comprado un terreno que perteneció antes a Hewlett-Packard. Es un lugar especial para mí. Las diapositivas de la presentación en Keynote que había traído mostraban un alucinante edificio que parecía una nave espacial circular enteramente construida de cristal (que no es precisamente el material más barato), rodeada de árboles y con un bosquecillo de albaricoques en el centro. El arquitecto había diseñado una nave nodriza que acababa de aterrizar.

Steve habló de su amor por aquellos terrenos. «Hewlett y Packard eran mis ídolos», dijo. Después contó que a los trece años había llamado a Bill Hewlett por teléfono a su casa —«Lo cual les dará una idea de mi edad, porque en aquella época los números de teléfono aparecían en la guía», añadió— para pedirle piezas de recambio para un frecuencímetro que estaba construyendo. Hewlett le regaló las piezas, pero lo verdaderamente importante es que también le dio un trabajo ese verano. Steve recordaba que trabajar en Hewlett-Packard era como estar en el paraíso.

Después habló de su pasión infantil por pasear por los campos de albaricoques, ya casi desaparecidos por completo. Por eso había decidido contratar a un especialista en árboles de la Universidad de Stanford para repoblar el lugar con árboles autóctonos. Insistió en que el edificio sería completamente autosuficiente y contaría con sus propios autobuses de gas natural y biodiesel. Cuando le preguntaron por la calidad del aire en el interior, Steve respondió: «mis padres murieron de cáncer de pulmón, de modo que estoy sensibilizado con el asunto». Steve relacionaba cada pregunta con algo personal: sus héroes de infancia, el recuerdo de sus padres... Al final, un concejal le preguntó de qué manera contribuiría Apple con la ciudad, ¿con wifi gratis, por ejemplo? Steve respondió con toda calma: «Como usted bien sabe, en Cupertino nadie paga más impuestos que nosotros, así que si seguimos aquí continuaremos pagándolos. De lo contrario, cogeremos a nuestra gente y nos iremos a Mountain View» (Apple era ya una de las empresas más rentables del mundo). «Siempre he sido un simplón. Mi compañía paga impuestos y soy de los que creen que el ayuntamiento debería ocuparse de esos temas, pero, naturalmente, a cambio de una exención fiscal estoy dispuesto a poner wifi gratis para todo el pueblo.» ¡Zasca!

Después aludió al propósito de su presencia en la reunión, su absoluta fe en el futuro de su compañía: «Creo que esta es una ocasión única para construir el mejor complejo de oficinas del mundo. Estoy convencido de que en el futuro vendrán a Cupertino estudiantes de arquitectura de todos los países a visitar la sede de Apple. Este es el nivel de confianza que tengo en el proyecto». Terminó diciendo: «Queremos iniciar las obras el año que viene y mudarnos al edificio en 2015». Al final de la reunión los concejales le agradecieron que siguiera siendo «un chico de la ciudad» que había crecido allí, había estudiado en el instituto Homestead local y ahora volvía para invertir en su comunidad. Steve se marchó con un sencillo «Muchas gracias».

Dos meses después, el 24 de agosto, abandonaba su puesto de director ejecutivo. Siguió trabajando de presidente hasta el día antes de su fallecimiento el 5 de octubre. El mundo veló su muerte con vigilias a la luz de las velas y montañas de flores, manzanas mordidas y una guardia de honor de viejos Mac en los escaparates de las tiendas de Apple del mundo. En el funeral en la sede de Apple, el ex vicepresidente Al Gore, miembro del consejo de Apple, homenajeó a Steve con las famosas palabras de los Beatles: «*In the end, the love you take is equal to the love you make*».

En 2017 Sir Jonathan Ive inauguraba la sede central de Apple en Cupertino, California. El especialista en árboles de Stanford había concluido con éxito la repoblación del terreno con especies autóctonas, incluyendo la amada plantación de albaricoques de Steve. La sede central por fin abría sus puertas al mundo y en el Teatro Steve Jobs, un edificio de diseño rabiosamente vanguardista, Tim Cook presentaba el futuro de Apple, el iPhone X. Mientras recorría el edificio y observaba los exquisitos materiales de construcción, las puertas y el mobiliario de roble blanco, los suelos de cemento pulido y las paredes de cristal que conformaban el gran círculo que albergaría a los más de 12.000 empleados de la compañía, Jony Ive dijo: «Lo que no me esperaba es la forma en que el cristal refleja todo este verde. Hasta el infinito».

Aplicación de las estrategias del *storytelling*

El resplandor del detalle

Steve siempre habla con «visión de futuro». En su primer discurso en la Universidad de Stanford ofrece tres historias: la exigencia de su madre biológica de que lo enviaran a la universidad; su obsesión por vivir en el ahora a partir del encontronazo con la muerte, y su filosofía de una buena vida. Regala a los estudiantes un detalle resplandeciente, una imagen clara de la fotografía de una carretera rural que se pierde en el horizonte. Concluye el encuentro aconsejándoles: «Mantente hambriento, mantente estúpido».

Saber lo que el público quiere y necesita oír

Las ideas de Steve son siempre universales: el nacimiento, los padres, la universidad, la muerte, el futuro. Los estudiantes recién graduados de Stanford se relacionan con ellas personalmente. Son cuestiones que les atañen directamente. Steve se dirige tanto a sus miedos como a su maravilloso talento. Es de suponer que si ese día hubiera tenido que dirigirse a un público de millonarios de la lista de Forbes, habría elegido tres historias distintas, pero habrían sido tan personales y universales en lo referente a la experiencia compartida como las de Stanford.

Atreverse a ser vulnerable

Steve reveló al mundo varios momentos muy personales: que era un niño adoptado, que había abandonado los estudios y había sido pobre y que le habían diagnosticado un cáncer (esta noticia recorrió los titulares de los periódicos de todo el planeta). Steve se atrevió siempre a compartir su propia historia y con ello consiguió conectar no solo con su audiencia sino con el mundo entero. El discurso de Stanford es uno de los cinco mejores discursos de graduación de todos los tiempos.

Yustaposición

El anuncio *Think Different* de Steve comienza diciendo: «Va por los locos, los inadaptados, los rebeldes...». Son palabras ofensivas que contrastan con las imágenes de aquellos visionarios que definieron el siglo xx, como Einstein, Gandhi o John Lennon. Es *storytelling* en estado puro: no lo digas, muéstralo. El anuncio de Steve desafía al público a asombrarse. El espectador se detiene a meditar lo que costó a cada uno de esos personajes cambiar el mundo. Conclusión: el que se atreve a «pensar diferente» también puede llegar a cambiar el mundo. Y puede que también se atreva a comprarse un ordenador Apple.

Evocar los sentidos

En el capítulo 7 hemos visto cómo los cinco sentidos pueden servir para darle intensidad a una historia. Si embargo, en el caso de Steve, el *storytelling* se basa en algo mucho más profundo, un sexto sentido que denominaremos *el asombro*. En la reunión de Cupertino, Steve empieza hablando de su admiración por los héroes de su infancia, Hewlett y Packard, los pioneros de la era del ordenador personal. También ellos levantaron una compañía de prestigio mundial desde su ciudad. Bill Hewlett le proporcionó a Steve su primer trabajo de verano, que este recordaba como «estar en el paraíso». Steve habla de lo *asombroso* de aquella época de su vida, de cómo, siendo un niño, paseaba por las plantaciones de albaricoque y de lo asombroso que resulta que hoy en día Apple pueda construir su sede central en terrenos que antaño pertenecieron a HP.

Pasar la llama

Steve, que se enfrentaba por entonces a su propia mortalidad, nunca deja de hablar del futuro, ni siquiera mientras deleita al consistorio de la ciudad con su visión de la nueva sede central de Apple. Siempre es capaz de remitir cualquier pregunta que le hagan a su sueño personal. Cuando le preguntan por la calidad del aire y las medidas de seguridad del edificio podría haber respondido con una fórmula empresarial estándar, pero en lugar de eso, prefiere contestar con renovada intensidad y decir: «Esa pregunta es tremendamente personal. Tanto mi padre como mi madre murieron de cáncer». Haciendo uso una vez más de la «visión de futuro», Steve demuestra que la prematura muerte de sus padres ha transformado su manera de asegurarse de que sus empleados gocen de buena salud.

En una última muestra de «visión de futuro», Steve anuncia al consistorio y al mundo: «Creo que Apple tiene la oportunidad de construir un edificio que los estudiantes de arquitectura visitarán el día de mañana». Steve habla del futuro con toda comodidad, como si ya viviera allí.

Ejercicios

1. ¿Qué te hace sentir esta historia?

2. ¿Se evoca de alguna forma el estado de asombro? En ese caso, ¿cómo imaginas tu propio futuro?

3. Cuando relates tu historia, recuerda siempre los deseos y necesidades de tu público. ¿Qué necesitan oír? ¿De qué manera puedes pasar la llama?

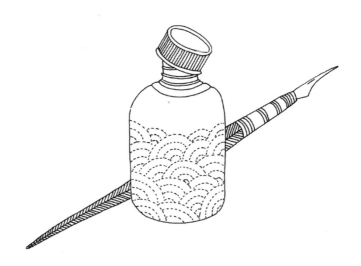

**«La vida sin examen
no merece la pena ser vivida.»**

—

Sócrates

10
Y tú, ¿qué te cuentas?

A menudo el mero hecho de contar una historia es ya de por sí curativo. Contar lo que nos ha sucedido nos ayuda a aclararnos. La confusión desaparece. Por eso nos contamos cosas. Por eso nos preguntamos «¿Qué ha pasado?». Lo que siempre me ha fascinado es que, sea lo que sea que haya sucedido, la primera pregunta de un buen reportero siempre es «¿Cómo se siente usted?». La respuesta habitual es «No tengo palabras». Al contar, buscamos claridad emocional.

Para descubrir la universalidad de una historia suelo proponer tres ejercicios a mis estudiantes.

El primero consiste en recordar dónde estaban e incluso qué hacían cuándo se enteraron de que había tenido lugar un acontecimiento importante a escala mundial.

Al hacer este ejercicio hay que tener en cuenta el «gancho» o «pista» que pone en marcha la historia con un mínimo contexto. Para percibir la relevancia del relato se necesita un mínimo de información. En otras palabras, es necesario proporcionar al público una suerte de GPS que lo ponga en situación: el lugar, el momento y la época.

Este contexto inicial debe contrastar con el desenlace del relato. Cuando vimos la yuxtaposición, hablamos de la idea de introducir al principio de la historia una idea contraria a la del final. El contraste entre ambas dará lugar a una tercera, completamente nueva. Este choque de ideas añade «garra» a la historia e induce al público a seguir dándole vueltas después de que haya terminado la narración.

Tomemos como ejemplo el 11-S. Durante los primeros años después de aquel importante suceso, siempre empezaba mis cursos pidiendo a los estudiantes que contaran qué hacían cuando tomaron conciencia de lo que estaba sucediendo. Prueba a contárselo a alguien ahora mismo o a escribirlo en tu diario o cuaderno.

Normalmente, en la sala cunde el silencio a medida que los estudiantes se sumergen en el recuerdo. Y también suele pasar que el relato del recuerdo de cada uno de ellos comienza con el momento cotidiano en que se dieron cuenta de lo que pasaba. Muchos estaban durmiendo cuando de pronto sonó el teléfono u oyeron el grito de horror de un compañero de piso o alguien llamó a la puerta y les informó. Pero después de eso, vivan donde vivan, siempre mencionan como de pasada que era un hermoso día de sol. Es como si la tragedia se hiciera más grave por haber sucedido en un perfecto día de fines de verano.

Por supuesto, hay muchas historias acerca de aquel fatídico día y cada lector sin duda tendrá la suya. Puede que incluso haya quien no quiera recordarlo. Sin embargo, quiero sacar a colación dos historias que revelan lo poderoso y directo que puede llegar a ser un suceso inolvidable.

Bill estaba produciendo una película universitaria en un barco en la costa de Long Island, desde el que por casualidad se veían las Torres Gemelas. Los estudiantes charlaban y reían cuando de pronto se oyó una exclamación. El capitán acababa de ver cómo uno de los aviones se estrellaba contra la primera torre. Una llamarada roja salió despedida por el otro lado del edificio. Bill había trabajado de becario para Cantor Fitzgerald en aquellos pisos ese verano y su tío y su primo trabajaban allí. Conocía a mucha gente en el World Trade Center. Había recorrido muchas veces sus pasillos. El capitán apagó el motor. El barco se detuvo y se quedó flotando mientras el equipo de cineastas contemplaba en silencio. Solo se oía el graznido de las gaviotas. Cuando el segundo avión chocó contra su objetivo todo el mundo gritó «¡NO!» y de nuevo se cubrieron la boca con la mano. Se hizo el silencio. Los pájaros graznaban. Las olas lamían la borda. Vieron desplomarse las torres. Momentos después de la caída el estruendo del derrumbe fue llegando hacia ellos, oleada tras oleada, hasta quedar sumergidos en él.

Mientras tanto, en el otro extremo del mundo, Lena, una hermosa mujer rusa, estaba de excursión con sus amigas en un lago remoto. Habían pasado el día haciendo nudismo y tomando el sol, y en la mesa de pícnic una antigua radio emitía clásicos del pop. Ya era tarde pero aún hacía calor y estaban tumbadas riendo y bebiendo a la última luz de la tarde veraniega. De pronto la adusta voz de un locutor interrumpió la música. «Dos aviones de pasajeros se han estrellado contra el World Trade Center de Nueva York, que se ha derrumbado poco después, en lo que las autoridades han calificado de atentado terrorista.»

No dijeron una palabra, ni siquiera se miraron. A Lena se le quebraba la voz mientras lo relataba en clase. «Fue como si hubieran terminado todos los veranos.»

Haz una pausa. Reflexiona. ¿Cómo te hacen sentir estas historias? El poder reside en hacer que la narración fluya y en dejarla que conecte con el público por sí misma.

El segundo ejercicio que propongo a mis estudiantes los lleva desde lo universal hasta lo profundamente personal, a veces incluso hasta el núcleo de su propia vulnerabilidad. Por supuesto, nadie quiere mostrarla públicamente, pero en realidad los grandes *storytellers* están siempre dispuestos a mostrarse tal como son.

Como ejemplo y estímulo, voy a contar una historia mía.

Al residir en Hollywood, me cruzo habitualmente con periodistas entrevistando a las actrices más conocidas del momento (un estatus en continuo cambio). Durante una campaña de los Oscar, la temporada previa a la ceremonia de entrega de premios, el periódico *The Hollywood Reporter* entrevistó a Anne Hathaway, Sally Field, Naomi Watts, Scarlett Johansson, Helen Hunt y Marion Cotillard, grandes bellezas y estrellas de enorme éxito.

Lo que sucedió fue, por desgracia, algo demasiado frecuente: las actrices conversaron sobre algunos de los peores momentos de su carrera. Anne Hathaway, por ejemplo, habló de cuánto la humillaron las terribles críticas a su trabajo como presentadora de la ceremonia de los Oscar de 2011; Sally Field mencionó la humillación de tener que realizar una prueba de cámara para Steven Spielberg porque se la consideraba demasiado mayor para el papel de Mary Lincoln. Las demás actrices la escuchaban con solidaridad mientras hablaba de tener que presentarse a un casting después de cuarenta años de trabajo y dos Oscar.

Pensé que los candidatos al Oscar al mejor actor nunca mencionarían momentos humillantes de su carrera en público. Todo lo más, compartirían un par de anécdotas en las que no salieran favorecidos para reírse entre ellos, pero nunca se atreverían a revelar semejante vulnerabilidad negativa.

Hace algún tiempo leí una estadística según la cual nunca hay al mismo tiempo más de doce mujeres consideradas las mayores bellezas de la época por los popes de la moda de *Vogue*, *Harper's*, *Elle*, etc. Los editores de la prensa especializada y las marcas de moda se aprovechan del escaso poder real que tienen las «estrellas» para vender sus revistas y productos. Como consecuencia, el común de los mortales quedamos relegados al purgatorio de la mediocridad y las eternas comparaciones. Y sin embargo, en aquella entrevista, las grandes damas del cine del momento sintieron la necesidad de desnudar su alma, cuando ni siquiera tenían por qué. Ello me llevó a reflexionar acerca de por qué las mujeres se ven siempre obligadas a dudar de sí mismas por muy bellas y famosas que sean.

Durante más de una década pasé dos meses al año enseñando en La Fémis, la famosa escuela de cine de París. Cada año tenía que contemplar con resignación a las esbeltas bellezas que paseaban por los bulevares. ¿Cómo lo hacen las francesas? Incluso a los ochenta años, se acicalan de arriba abajo, siempre a la última, eternamente gráciles como juncos.

Para colmo, regresaba anualmente a París en época de las rebajas de julio, lo cual era también un ataque en toda regla a mi autoestima. «¿Por qué no me he quitado de encima esos diez, doce o quince (!) kilos antes de venir? ¡Siempre hago lo mismo!» Apretaba los dientes, hacía acto de contrición y propósito de enmienda e incluso me postraba ante el dios de la autonegación. Lo que fuera con tal de intentar ocultar sin éxito mi voluptuosa (¿debiera decir *voluminosa*?) figura.

Para llegar a La Fémis en Montmartre cogía la línea 4 del metro en el 18 *arrondissement* hasta Marchés Barbés, el centro africano de la ciudad, cariñosamente llamado *Paname* («París exótico»), con su vivaz mercado callejero.

Por el camino siempre veía a fantásticas mujeres africanas con espectaculares tocados de colores vibrantes, unos en combinación y otros en contraste con sus vestidos de estilo *muumuu*. Era un espacio visual enorme en el que se libraba un vibrante torneo de colores, diseños y formas, una auténtica celebración de la vida.

Todos los días al salir del metro con mi neutro vestido de verano beige o negro me topaba con un grupo de estas mujeres a la puerta del mercado. Las saludaba con un breve gesto de cabeza y seguía mi camino. Al fin y al cabo ni yo hablaba su idioma ni seguramente ellas el mío. Pero un día me encontré con una compañera de trabajo, una elegante parisina de color. Al pasar por delante del grupo de mujeres vestidas con su atuendo lleno de colores y texturas, empezaron a hablar rápidamente y a interrumpirse unas a otras mientras asentían en aprobación, como hacen las mujeres en cualquier lugar del mundo.

Mi amiga y yo subimos charlando la alta colina de Montmartre. Era una calurosa mañana de julio. Cuando llegamos a su despacho en La Fémis, se dio la vuelta y me dijo: «¿Sabes que las mujeres del mercado estaban hablando de ti?».

«No lo sabía», respondí.

Clavó sus ojos en los míos y dijo: «Pues decían que eres la mujer blanca más hermosa que han visto porque tienes cuerpo de africana».

¿Por qué es importante esta historia para mí? En primer lugar, porque en aquel momento sentí que mi mente se abría a un continente de valores enteramente nuevo. Me sentí conmovida. Me sentí reconocida, y de hecho amada, por fuerzas desconocidas. Recuperé la confianza. Se me abrió el corazón. Fue un momento decisivo en mi camino hacia la autoestima y la empatía.

Desde entonces, decidí convertirme en ciudadana del reino del bienestar. Decidí elegir el color y la vibración, decidí celebrar la vida. Ahora disfruto de una buena comida dos o tres veces al mes. Me digo a mí misma palabras de aprecio, lo cual ha sido, y aún es, algo muy difícil. Para dejar de menospreciarme y de dudar de mí misma he tenido que transformar completamente mi consciencia.

El tercer y más importante ejercicio que propongo a mis estudiantes para ayudarles a acrecentar su destreza como *storytellers* es el más difícil. También es el que más resistencias provoca, pero siempre acaba siendo el que más me agradecen.

Les pido que escriban sobre una persona que les haya cambiado la vida.

Puede ser alguien importante, un terapeuta, un jefe, un profesor, un amigo, un amante... Puede haberse comportado con amabilidad, cariño y comprensión o haber sido tiránico y cruel. También puede ser alguien que les haya roto el corazón. En la jerga de la narración cinematográfica este personaje se denomina *Antagonista*. Cada cual es el *Protagonista* de su propia historia. El Antagonista es un individuo que entra en nuestra vida y a partir de entonces no volvemos a ser la misma persona. La clave del ejercicio es que los estudiantes lleven a cabo lo que nuestros amigos de Alcohólicos Anónimos llaman un *minucioso inventario moral* de la persona que eran antes de conocer al individuo en cuestión y del cambio que tuvo lugar a partir de entonces.

Toda narración cinematográfica está basada en un acontecimiento de la vida del Protagonista. Este debe ser, es casi una obligación, abierto y vulnerable. Las películas alargan y realzan dicho acontecimiento hasta convertirlo en un viaje de dos horas en el que somos testigos de cómo el Protagonista se enfrenta reticentemente al Antagonista y se resiste a la transformación. Al final, no obstante, encuentra el valor necesario para convertirse en la mejor versión de sí mismo (en el drama y la comedia) o lo pierde todo (en la tragedia).

Cuando propongo este ejercicio a alumnos de altas capacidades, suele suceder que varios de ellos, cuyas edades están entre los veinte y los treinta y tantos, me confiesan que nunca han conocido a un Antagonista. Yo les pregunto si alguna vez les han roto el corazón. Responden que no. ¿Un profesor, un entrenador, incluso un cura que te haya cambiado? Tampoco. Algunos recuerdan un acontecimiento, por ejemplo un accidente de coche, o su obsesión por determinado músico, o algo externo que ha transformado su punto de vista. Yo no cedo. El objetivo del ejercicio es escribir sobre una persona, una auténtica «fuerza de la naturaleza» que les haya cambiado la vida. También sonrío para mis adentros, porque no es posible que estudiantes de élite como ellos, jóvenes acostumbrados a triunfar en lo que se proponen, nunca se hayan topado con un Antagonista. Ellos se van por las ramas y tratan de sonsacarme. Yo les insto a encontrar la manera de terminar el ejercicio.

Al final siempre lo consiguen. Están deseosos de explorar esa parte de su vida. Quieren ganar en perspicacia. Pero nunca se han atrevido a llevar a cabo ese minucioso inventario moral del que hablábamos más arriba, a ser vulnerables, a reparar en su propia necesidad de cambio. Todos tenemos necesidad de cambio. Y esa necesidad es el núcleo mismo del *storytelling*: descubrir quiénes somos.

Lo más interesante es que mis estudiantes, a pesar de su resistencia o su aparente timidez, siempre terminan mirando en su interior y descubriendo algo nuevo de sí mismos. Descubren historias increíblemente poderosas de desamor o de valentía, que después quieren contarnos. He escuchado historias trágicas de entrenadores que han desaprovechado su talento deportivo, de padres que los han utilizado para pagar sus impuestos, de casos de secuestro en Australia, e incluso hay quien se ha enfrentado a los tanques en Beijing. Otros han compartido con la clase relatos triunfales del amor encontrado tras años de búsqueda. También, por desgracia, ha habido quien ha sufrido terribles abusos sexuales. Son todas historias extraordinarias. Por qué hay gente incapaz de apreciar sus propias experiencias vitales es algo que desconcierta.

Una vez se han narrado las historias, cunde en la clase un silencio asombrado y curiosamente una inefable sensación de «levedad del ser». Mi papel solo ha sido servirles de guía en este viaje.

Para este ejercicio:

1. ¿Quién ha sido una «fuerza de la naturaleza» en tu vida? ¿Quién te ha provocado, incitado o animado a sacar lo mejor de ti, incluso si en el proceso has llegado a odiarlo o te ha roto el corazón?

2. ¿Cómo eras antes del proceso? ¿Cuál era tu mayor miedo? Piensa un ejemplo de ese miedo, una inacción que te paralizaba.

3. Elige un «detalle resplandeciente», un momento ordinario que se vuelve extraordinario al reflexionar sobre él.

4. ¿Hay algún recuerdo sensorial predominante?

5. Delimita las coordenadas del GPS: tiempo, lugar, contexto.

6. ¿Qué sucedió? ¿Qué hizo (o no hizo) el Antagonista para que tú decidieras cambiar de manera consciente? Conviene subrayar lo de «cambiar de manera consciente».

7. ¿Qué hiciste para cambiar? Normalmente es un momento cotidiano. Concéntrate en él. Quizás es el momento en que abandonaste el deporte por pura frustración, miedo o sensación de fracaso, pero después volviste a al campo. Otra vez. Y esta vez con determinación, gozo o madurez renovadas. Lo importante es que eres una persona distinta: esa es precisamente la historia que queremos oír.

8. No describas el cambio. Cuéntalo por medio de un momento de acción, de un contraste o de un giro en la narración.

«El universo se compone de historias,
no de átomos.»

Muriel Rukeyser

11
Por qué necesitamos historias

Las historias son como el testigo en una carrera de relevos, solo que se pasan de generación en generación. Nos dan una imagen de lo que debemos esperar, un mapa de lo desconocido, pero sobre todo nos proporcionan una especie de preparación psicológica para las inevitables dificultades de la vida. En resumen, son recetas de valentía. Nos enseñan a participar en la gran carrera de la vida. Y a ganar. No nacemos valientes. Quizás somos fanfarrones o arrogantes. Es algo habitual en los jóvenes. La valentía, sin embargo, es un músculo espiritual y silencioso que solo descubrimos cuando nos enfrentamos a nuestros peores miedos. Las historias nos hacen audaces, nos refuerzan y nos enseñan a sacar lo mejor de nosotros mismos. Winston Churchill lo sabía mejor que nadie.

Entre 1929 y 1939, en lo que se conoce como sus «años salvajes», década en la que sufrió el ostracismo en el Parlamento y se le tuvo por un anticuado guerrero de la era victoriana con una aparentemente insaciable (incluso para un británico) afición por el champán, el brandy y los puros, Winston Churchill se mantuvo llamativamente al margen. Fue el único en alertar del creciente peligro que Hitler suponía tanto para Reino Unido como para Europa. En 1938, el entonces primer ministro británico, Neville Chamberlain, puso en práctica una política de apaciguamiento y volvió a Londres ondeando sonriente los Acuerdos de Múnich que había firmado con Hitler. Por supuesto, el dictador alemán no tenía intención de respetarlos. El ejército nazi invadió Polonia el 3 de septiembre de 1939 y Reino Unido se vio forzado a declarar la guerra a Alemania por segunda vez en veinticinco años. Los nazis continuaron su brutal campaña. Los *Panzer* barrieron a la débil caballería polaca, arrasaron los campos de Bélgica y Holanda, y atravesaron la Línea Maginot francesa con un ímpetu hasta entonces inimaginable. Conquistaron Europa a placer hasta que solo quedó Gran Bretaña, una pequeña isla que resistía a duras penas. Sin embargo, los peores momentos hacen surgir a los auténticos héroes. El 10 de mayo de 1940, Chamberlain presentaba su dimisión al rey Jorge VI y recomendaba a Winston Churchill como sucesor.

El 13 de mayo Churchill se dirigía por primera vez al Parlamento en calidad de primer ministro. Churchill, que años más tarde comentaría que «Los británicos son el único pueblo al que le gusta recibir malas noticias», habló a la nación con palabras graves, humildes y sinceras. «No tengo más que ofrecer que sangre, sudor y lágrimas [...] A los que se pregunten cuál es nuestra política, mi respuesta es: hacer la guerra por tierra, mar y aire, con todas nuestras fuerzas. A los que se pregunten cuál es nuestro objetivo, les responderé con una sola palabra: la victoria. La victoria a cualquier precio, la victoria a pesar de cualquier horror, la victoria sin importar lo largo y duro que sea el camino.»

Puede pensarse que de alguna forma Churchill era consciente de la historia en la que estaba inmerso y le estaba contando el final al pueblo británico.

Si alguna vez ha habido alguien que comprendiera a la perfección el contexto de su época, ese era Winston Churchill. Desde aquel día, durante diecinueve solitarios meses, mientras Estados Unidos se mantenía obstinadamente «neutral», Reino Unido se enfrentó a los furiosos ataques del ejército hitleriano.

Al principio de su mandato se había tenido que tragar la amarga píldora de la derrota en la Batalla de Francia de mayo de 1940, en la que Francia se rindió ante los nazis. Las fuerzas francesas, británicas y belgas se vieron forzadas a retirarse y 338.000 hombres quedaron atrapados en la playa de Dunquerque, a orillas del canal de la Mancha en el norte de Francia.

Churchill lo calificó de «desastre militar colosal» y temía que la mayor parte del ejército británico sería capturado o moriría una vez los nazis retomaran la ofensiva. Sin embargo, por misteriosas razones, Hitler no llegó a atacar, de modo que Churchill tuvo tiempo de movilizar a toda prisa una flota de 850 embarcaciones, desde destructores de la Armada hasta barcos deportivos y mercantes, desde barcos de pesca hasta embarcaciones de recreo, que navegó hasta Dunquerque y devolvió 330.000 hombres a Gran Bretaña entre el 27 de mayo y el 4 de junio de 1940. La hazaña se conoce con el nombre de Milagro de Dunquerque. Sin embargo, el Ejército Británico se había visto obligado a abandonar prácticamente todos sus pertrechos, armamento y vehículos.

La noche del 4 de junio, cuando por fin los soldados estaban sanos y salvos en suelo británico, Churchill se dirigió a la Casa de los Comunes: «No flaquearemos ni fracasaremos. Llegaremos hasta el final [...]. Defenderemos nuestra isla al precio que sea. Lucharemos en las playas, lucharemos en los aeródromos, lucharemos en los campos y las calles, lucharemos en las colinas. Nunca nos rendiremos».

El país entero sabía que la invasión comenzaría pronto. Se palpaba la tensión, la espera era insoportable. Apenas quedaba tiempo para el rearme.

La agenda diaria de Churchill es ya legendaria. Aunque tenía ya más de sesenta años y había sido toda su vida un bebedor empedernido, parecía tener una energía inagotable. Dormía pequeñas siestas, se bebía una botella entera de champán con las comidas y fumaba incontables puros. Por las noches se pasaba al brandy y escuchaba discos de música militar británica. Si a cualquier hora del día o de la noche «le pillaba el ritmo a su pensamiento», llamaba a varias secretarias para que anotasen sus ideas al dictado mientras daba vueltas por la habitación hablando en voz alta. Después les pedía una copia mecanografiada y repasaba sus discursos hasta el amanecer.

El 18 de junio Churchill se dirigió primero al Parlamento y después a la nación por la BBC: «La Batalla de Francia ha concluido. Comienza ahora la Batalla de Inglaterra. De ella depende la supervivencia de la civilización cristiana. De ella depende nuestra vida y la vida de nuestro Imperio. Hitler sabe que si no acaba con nosotros en esta isla, perderá la guerra. Si resistimos, toda Europa podrá ser liberada y el mundo podrá morar de nuevo en amplias tierras iluminadas por el sol. Pero si fracasamos, el mundo entero, incluido Estados Unidos y todo lo que conocemos y amamos, se hundirá en el abismo de una nueva Era de Oscuridad, más siniestra aún y quizás más duradera por la luz de una ciencia perversa. Dispongámonos, pues, a cumplir con nuestro deber y comportémonos de modo que, si el Imperio británico y su Commonwealth llegan a durar mil años, la gente aún diga "¡Aquel fue su mejor momento!"».

Nadie por entonces sabía lo que sabemos hoy acerca de la «Solución Final» de Hitler y los campos de concentración, el genocidio sistemático estaba aún por llegar. ¿De dónde salía la clarividencia de Churchill? Efectivamente, la Batalla de Inglaterra comenzó a los pocos días. Durante todo el verano, la Luftwaffe cruzó a diario el canal. Para sorpresa del dictador, la Royal Air Force le plantó cara con sus Spitfires y Hurricanes, y sus jóvenes pilotos, como los «caballeros de antaño», en palabras del propio Churchill, lucharon en torneos por los claros y azules cielos hasta que detuvieron la maquinaria bélica alemana. Churchill diría que «Nunca en la historia de los conflictos humanos tantos han debido tanto a tan pocos». Furioso por la prolongada falta de éxito, Hitler ordenó entonces los bombardeos nocturnos de Londres, conocidos como el *Blitz*, «relámpago» en alemán. Durante el otoño de 1940 las aterradoras escuadrillas de la Luftwaffe arrojaron toneladas de explosivos sobre la ciudad matando a cientos de civiles. Los incendios devoraron el centro de Londres.

Cada vez que la BBC emitía un discurso de Churchill, el Imperio británico al completo parecía reunirse alrededor de la radio para escucharlo.

Desde los tejados de Londres, Edward R. Murrow, el primer gran periodista de radio estadounidense, dijo: «Churchill ha movilizado la lengua inglesa y la ha enviado a la guerra».

Durante aquellos terribles días, el pueblo británico hizo gala de una rara e ingeniosa forma de valentía. El este de Londres ardía hasta los cimientos, las sirenas aullaban y los ingleses corrían a los refugios antiaéreos improvisados en las paradas del metro, pero una vez terminaban los ataques nocturnos y sonaba la señal de *All clear*, se oía una voz que pedía una taza de té o gritaba: «¿Eso es todo, Jerry?». [N. del t.: *Jerry,* apócope de *German,* es uno de los varios términos despectivos con los que el pueblo británico se refería a los alemanes durante los dos conflictos mundiales.]

Churchill vivió varios «periodos salvajes» en su vida. Fue un niño solitario y abandonado por sus licenciosos padres en Blenheim Palace, la mansión familiar. Para entretenerse, estudiaba historia, sobre todo los ocho tomos de la *Historia de la decadencia y caída del Imperio romano* de Gibbon y los doce de la *Historia de Inglaterra* de McAuley, así como cien volúmenes del *British Annual Register*, una especie de anuario político, histórico, científico y literario fundado por Edward Burke y publicado desde 1758.

El joven Winston extrajo su profundidad, fuerza y visión de futuro del estudio de la antigüedad y sus historias de valor ante el peligro, retratos del carácter revelado ante la adversidad y relatos de resiliencia y coraje. Durante los aciagos días de 1940-1941, supo transmitir a su afligida nación las enseñanzas de aquel compendio del valor humano que él mismo había absorbido durante años. Al final llegó un momento en el que, como escribió el filósofo oxoniense Isaiah Berlin, Churchill logró «imponer su voluntad e imaginación a sus compatriotas [...] con tal intensidad que acabaron adoptando sus ideales y empezaron a verse a sí mismos como él los veía».

A pesar de todo, a finales del otoño de 1941, tras meses de ataques incesantes, no se veía aún la luz al final del túnel. En la intimidad, Churchill confesó padecer una grave depresión. El 29 de octubre, buscando inspiración, asistió a un concierto de música tradicional en la escuela de Harrow, donde le pidieron que hablara a los estudiantes. Churchill se levantó y dijo lo siguiente: «Sin duda, lo que hemos vivido estos meses, y me dirijo ahora tanto a mí mismo como a los presentes, sin duda, la lección que podemos extraer de estos diez meses es esta: nunca te rindas. Nunca te rindas. Nunca, nunca, nunca, nunca. En nada, ya sea grande o pequeño, elevado o inane. Nunca te rindas, a no ser que lo exija el honor o el buen juicio. Nunca cedas ante la fuerza. Nunca desfallezcas ante la aparentemente invencible fuerza del enemigo».

Seis semanas después, el 7 de diciembre, el Ejército japonés bombardeaba Pearl Harbor y Estados Unidos entraba de lleno en el conflicto. Como se suele decir, lo demás es historia. Tres años y medio más tarde un Hitler derrotado se suicidaba en su búnker y el 8 de mayo de 1945 Alemania firmaba la «rendición incondicional».

En todo el mundo, en el Imperio británico, Estados Unidos y Europa, la gente se reunió para oír a Churchill declarar «La guerra en Europa ha terminado».

Churchill ofreció a Reino Unido y al mundo un ejemplo de lo que se puede llegar a conseguir con imaginación, determinación y coraje.

Las historias, bien contadas y bien aprendidas por una generación, estimulan a la siguiente en su búsqueda de la grandeza. Los jóvenes han escuchado con sus propios oídos y visto con sus propios ojos lo que se consigue con valor: que cada individuo fortalecido, alentado y afirmado en su propia valentía se la transmite a otros como si fuera el testigo en una cósmica carrera de relevos. Así se ganó la guerra mundial. Hoy en día las nuevas generaciones pueden agradecer a Churchill su pasión por la historia. Como mi padre, especialista en Churchill y estudioso de la historia, me dijo muchas veces: «Churchill fue el hombre indispensable del siglo xx».

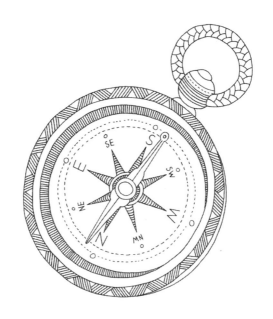

«Nunca cesaremos de explorar.
Y el final de nuestra exploración
será volver a donde empezamos
y conocer el lugar por vez primera.»

T. S. Eliot

Conclusión

¿Por qué he elegido historias de activistas, visionarios, líderes y emprendedores? El denominador común de todas ellas es que son el relato de un viaje cuyo final es incierto. Están llenas de esperanza. Todas tratan acerca de la valentía. Las historias trágicas, en cambio, tratan acerca de personas que no tuvieron la valentía de hacer lo que tenían que hacer o que huyeron cobardemente.

Así es como conectamos con nuestra propia humanidad y mejoramos como personas. Tu manera de narrar tu historia marcará la diferencia en tu forma de abrirte paso en el mundo, de compartir lo que eres, en todo lo que hagas, ya sea convencer a alguien de que te ame, de que compre algo que hayas fabricado o de que se comprometa con una causa en la que crees.

Me he dado cuenta de que mientras escribía este libro he disfrutado mucho compartiendo las historias de mis ídolos, tanto los mundialmente famosos como los menos conocidos. A pesar de ello, para mí las mejores historias son las historias personales que me cuentan mis estudiantes, todas únicas, inolvidables y llenas de emociones. Esto se debe en parte a que tengo el enorme privilegio de observarlos mientras aprenden a contarlas. En realidad, el *storytelling* es algo connatural al ser humano. Solo hay que ponerse manos a la obra. Atreverse a ser personal. Atreverse a ser vulnerable. Atreverse a escuchar a los demás cuando nos cuentan las suyas.

¿Por qué tanta osadía? ¿Por qué arriesgarnos a ser vulnerables? Porque en la era de la creación de contenidos, siempre hay alguien vendiendo una historia. De hecho, estamos inmersos en un mar de historias, e incluso tomamos decisiones trascendentales a causa de ellas. En consecuencia, es necesario saber aprovecharlas al máximo y contarlas de forma adecuada. De lo contrario corremos el riesgo de que alguien cubra nuestra cultura con las suyas, en cuyo caso, ¿cómo transmitiremos a la próxima generación lo que se ha perdido, o peor aún, olvidado?

Como decía Churchill: nunca, jamás olvidéis.

Al final, nuestra historia es lo único que tenemos.

Cuéntanos la tuya.

Hazlo.

Ejercicios

Los siguientes ejercicios son para practicar. Algunos ya han aparecido en el libro y los he recogido aquí para que sea más sencillo trabajarlos. Lo primero es escribir tu historia. Todo vale, un diario, trozos de papel, el ordenador. A continuación, cuéntala en voz alta. Si no encuentras un amigo o un familiar que quiera escucharte, cuéntasela al espejo. Aquí tienes unos cuantos consejos a tener en cuenta antes de comenzar:

— Como dijo Lionel Rogue en *El discurso del rey:* «Háblame como a un amigo».
— Sé breve, sé conciso. Que los ejercicios no duren más de cinco o siete minutos.
— No adoptes el papel de víctima. Cuenta siempre las cosas que hiciste o los cambios que aplicaste después de reflexionar.
— Sé específico. Utiliza ejemplos visuales.
— Recuerda los cinco sentidos y encuentra cuál predomina en cada historia.
— Asegúrate de que tu historia tiene introducción, nudo y desenlace.
— Deja al público con ganas de más.
— Sobre todo, observa el nivel de atención e implicación del público con lo que cuentas.

Ejercicio 1

Cuéntanos algo de ti que no podamos saber de otra manera.

Recuerda: la humildad y el humor te llevarán muy lejos. Sí, eres el centro de atención, pero te conviene olvidarlo. Domina tu ego. Revelarse a los demás para explicar quién eres es un gran gesto por tu parte, pues les permite acceder a una forma de ver el mundo a la que de otra manera no tendrían acceso.

Ejercicio 2

Narra una historia favorita de tu infancia.

Algo que tu familia siempre cuenta de ti o tú siempre has contado de ti mismo.

Ejercicio 3

Háblanos de un antagonista o «fuerza de la naturaleza» que haya pasado por tu vida.

Puede ser un profesor, un mentor, un entrenador, un sacerdote, un jefe, un amigo de la familia que haya ejercido una influencia buena o mala en tu vida (ver página 107).

Ejercicio 4

Cuéntanos la primera vez que te partieron el corazón.

No importa cuándo. A los cinco años, a los quince, a los veinte, a los veinticinco, la semana pasada... Tómatelo con sentido del humor. ¿Qué locura o ridiculez cometiste? La clave aquí es describir con brevedad a la persona. Cuenta algo estupendo de ella, por pequeño que parezca (recuerda: cuanto más cotidiano sea el detalle, más universal se vuelve). Después describe la ruptura o el momento en que se te partió el corazón. De nuevo, describe el momento cotidiano, recurre a la memoria sensorial: ¿Qué sentido era el predominante? Siempre hay uno. A continuación, cuenta lo que hiciste para sanarte, para recuperarte y superar la experiencia. Expláyate, danos la acción, revela el secreto. Evita cosas como «entonces me di cuenta de que...» o «después de aquello...». Llévanos a ese lugar vulnerable de tu interior. Todos hemos estado ahí. Queremos volver a ese lugar, esta vez contigo. No olvides que el objetivo sigue siendo cómo te cambió la experiencia o cómo te hizo mejor.

Ejercicio 5
¿Qué acontecimiento cultural o deportivo te ha afectado de forma relevante?
Las Olimpiadas, la boda real, el concierto Live Aid o cuando tu equipo ganó la copa de la FIFA.

Ejercicio 6
Cuéntanos un «momento cumbre» que puso el broche a una época de tu vida.
Tu graduación, una boda (la tuya o la de un ser querido), cuando te fuiste a vivir solo, el día en que fuiste padre o madre...

Ejercicio 7
Háblanos de un acontecimiento que la mayoría hemos vivido.
¿Dónde estabas y qué hacías el 11-S o cuando murieron Lady Di o Kurt Cobain?

Ejercicio 8

Recuerda un acontecimiento que te haya conmovido o transformado.

Puede ser cualquier cosa: el vídeo de Youtube de una chica sorda oyendo por primera vez; la foto del *New York Times* de un policía comprándole unos zapatos y unos calcetines a una persona sin techo que andaba descalza en pleno invierno, o algo mucho más personal, como por ejemplo ver a un familiar querido que, en su lucha contra el alzhéimer, escribe todo lo que dices con el fin de no olvidarlo.

Ejercicio 9

Véndenos una idea o una causa en la que realmente creas.

La clave en este ejercicio es no sermonear ni regañar y evitar la santurronería y el sarcasmo. Por el contrario:

— Comparte tus ideas como una posibilidad a considerar.
— Recurre a una imagen, es decir, a un «detalle resplandeciente».
— «Pasa la llama», explica tu pasión por medio de un pequeño contexto.
— Recuerda que lo más importante es cómo te ha cambiado a ti y por qué te importa tanto.

Ejercicio 10

Comparte con nosotros una de tus pasiones y explica por qué.

Sé específico. Por ejemplo, ¿por qué te encanta el cine, el surf, el rock, la escalada, el fútbol, el golf el tenis, hacer pan o la jardinería? Hazte a ti mismo las siguientes preguntas:

— ¿Qué te encanta?
— ¿Qué revela de ti?
— ¿Cuándo comenzó esta pasión?
— ¿Qué es lo que te atrapó de ella y cambió tu vida para siempre?
— ¿Cómo ha cambiado tu vida?
— ¿A dónde te ha conducido? Sé específico: proporciona un pequeño ejemplo, un momento de acción.
— ¿Qué sentido se relaciona con ella?
— ¿Cómo era tu vida antes de esta pasión y cómo es ahora?
— ¿Cómo se la describirías a alguien que no sabe nada de ella o jamás la ha experimentado?

No olvides ser siempre amable. Cuenta tu historia con una sonrisa. Comparte tu pasión.

Pasa la llama.

«Sé ameno, no cuentes historias desagradables.
Y sobre todo, que no sean largas.»

—

Benjamin Disraeli

Sobre la autora

Bobette Buster creció en el estado de Kentucky, famoso por sus narradores. Después de graduarse en la universidad, recopiló una historia oral de la región que hoy en día se conserva en el Museo de Kentucky. Se mudó a Hollywood, donde aprendió el oficio de desarrollo de guiones cinematográficos.

Es autora de *Do Listen: Understand what's really being said. Find a new way forward* (en esta colección*)*. Ha escrito y producido el documental *Making Waves: The Art of Cinematic Sound* (2018) además de otros proyectos narrativos entre los que se incluyen *Charlotte* y *Gold Fellas*.

Es asesora de guion de importantes estudios de cine como Pixar, Disney y Sony Animation y de varias productoras líderes del sector, así como de distintas agencias de publicidad y marketing de todo el mundo.

Es una conferenciante internacional y actualmente enseña Práctica del *Storytelling* Digital en la Northeastern University de Boston.

Vive en Los Ángeles, California.

Puedes contactar con Bobette aquí:
Twitter: @bobettebuster
Website: bobettebuster.com

Agradecimientos

En primer lugar, gracias a Dios por haberme guiado a través del «valle de las sombras» durante el largo período de la muerte de Lowell y Charles, mis mágicos hermanos, cuando lo único que sabía hacer era enseñar *storytelling*. Solo conseguí soportarlo observando cómo las verdades eternas del *storytelling* pasaban a las nuevas generaciones. Durante esos duros años a menudo reflexioné sobre el dicho zen «Para dominar algo, primero tienes que aprender a enseñarlo». Por eso, gracias a Larry Truman, director del USC Peter Stark Program, por ver en mí a la profesora en la que he acabado convirtiéndome, aunque no es algo que hubiera elegido por mí misma.

Gracias a todos los que me han permitido compartir sus historias en este libro, sobre todo a Scott Harrison, Shan Williams y DJ Forza. Gracias a mis estudiantes a todo lo largo y ancho del mundo por enseñarme el inagotable poder del *storytelling*. Gracias a su insaciable curiosidad y a sus nuevas historias narradas desde todos los aspectos posibles de la existencia humana.

Son muchos los amigos y seres queridos a los que quiero dar las gracias por escuchar pacientemente mis historias *ad infinitum* (y quizás *ad nauseam*): mis amados Eric y Melissa Ocean, Margie Whitaker, Mark y Rachelle Hutchens, Greg y

Rick Stikeleather, mis queridas amigas Gwen Terpstra, M'Leigh Koziol, Beverly Allen, Matia Karrell, Rebecca Ver Stratten-McSparren, Roberta Ahmanson, Barbara Nicolosi, Polly March, Karen Johnson y Andrea McCall. Gracias a mis «sobrinos y sobrinas» por las muchas historias que le han regalado a su «tía loca» tras nuestras aventuras: Alex, Jack, Annie, Laina, Richard Ryan, Madison, Morgan, Gianna y Philip. Gracias a Brian y Christabel Eastman por su enorme hospitalidad. Gracias a los muchos compatriotas de historias que he conocido allá donde me ha llevado el *storytelling*: Steve Turner y Beryl Richards en Londres; Armando Fumagalli, Marco Alessi, Carla Quarto di Palo, Gina Gardini y Francesca Longardi en Italia; Henriette Buegger en Colonia; Christina Camdessus, Isabel Calle y Ana Laguna en Ronda; Alain Rocca y Jacqueline Borne en París; Mary Lyons, Sorcha Loughnane, Judy Lunny y Tricia Perrot en Dublín. Si pudiera, nombraría también a todas esas otras personas adorables con cuyas historias hemos creado «más recuerdos que gotas de lluvia...».

Por último, gracias a Miranda West, sin cuya inquebrantable voluntad e irónica y maravillosa inteligencia este libro no se habría materializado, por haberme dado ese «aguante hasta el último minuto» del que hablaba Muhammad Ali.

Índice analítico